kritik & *utopie* ist die politische Edition im mandelbaum *verlag*.
Darin finden sich theoretische Entwürfe ebenso wie Reflexionen aktueller sozialer Bewegungen, Originalausgaben und auch Übersetzungen fremdsprachiger Texte, populäre Sachbücher sowie akademische und außeruniversitäre wissenschaftliche Arbeiten.

Nähere Informationen unter
www.kritikundutopie.net

Petra Unger

FRAUEN WAHL RECHT

Eine kurze Geschichte der österreichischen Frauenbewegung

INTRO

mandelbaum *kritik & utopie*

www.petra-unger.at
www.frauenspaziergaenge.at

Satz & Umschlaggestaltung: Michael Baiculescu
Druck: Primerate, Budapest

Inhalt

PETRA UNGER

Vorwort

Es war eine überraschende Anfrage von außergewöhnlicher Seite:

Im Herbst 2017 wendet sich Elmar Walter (Geschäftsführer der St. Nikolausstiftung , Trägerorganisation von 86 Kindergärten und Horten in Wien) an mich mit der Einladung , eine Broschüre zur Geschichte des Frauenwahlrechts zu verfassen. Anlass für diese Idee war der 100. Jahrestag der gesetzlichen Verankerung des Frauenwahlrechts vom 12. November 1918.

Überzeugt davon, dass katholischer Glaube und Frauenrechte kein Widerspruch sein müssen und „Demokratie ein steter Auftrag auch in Kindergärten" ist, begegnete mir Elmar Walter mit großer Offenheit. Eine Offenheit und Bereitschaft zur konstruktiven Kooperation, die mir auch von den Mitarbeiterinnen der Stiftung, Karin Fischer, die mich als Autorin vorgeschlagen hatte und Gabriele Zwick, die gemeinsam mit ihrer Kollegin hochprofessionelle und immer wertschätzende Arbeit in der konkreten Umsetzung geleistet haben, entgegengebracht wurde. Ihnen allen sei an dieser Stelle mein besonderer Dank ausgesprochen!

Meine Sorge, angesichts der katholisch-religiösen Ausrichtung der Stiftung nicht frei und unbefangen schreiben zu können, hat sich als unbegründet erwiesen. Indirekt hatte dennoch das Wesen der Stiftung Auswirkungen auf meine Arbeitsweise. Mit Blick auf Auftraggeberin und Zielpublikum war es mir ein Anliegen, mich besonders um wissenschaftliche Genauigkeit und Ausgewogenheit in der Darstellung zu bemühen – mit großem

Erkenntnisgewinn. Meine Neugierde für die Geschichte der katholischen Frauenorganisationen wurde geweckt, zusätzliche Differenzierungen in der Sicht auf politische Ereignisse zur Zeit des diktatorischen Ständestaates und des Nationalsozialismus, sowie neue Erkenntnisse zu den politischen Prozessen rund um die Auseinandersetzungen zur Fristenlösung in den 1970er Jahren waren bereicherndes Ergebnis der intensiven Recherchen im Vorfeld der Publikation.

Die Anforderung, einen kurzen, gut lesbaren und leicht verständlichen Text zu verfassen, stellte sich als besondere Herausforderung dar. Ebenso die Frage, wann der Beginn einer Geschichte des Frauenwahlrechts angesetzt werden kann und welche Bereiche der facettenreichen Frauenbewegungsgeschichte von unbedingter Bedeutung sind. Mindestens ebenso schwierig war die Auswahl der Protagonistinnen der Frauenbewegung. Hier gäbe es noch viel mehr Frauenbiographien und Initiativen als dies in der vorliegenden Publikation möglich war, sichtbar zu machen. Skizzenhaft musste auch die Darstellung der Entwicklung feministischer Geschlechtertheorien und Gender Studies bleiben. So konnten bedeutende Denkrichtungen der Geschlechterforschung nicht in der Form dargestellt werden, die erforderlich wäre, um den aktuellen Forschungsstand angemessen abbilden zu können.

Es ist wohl die Crux aller Autorinnen und Autoren, nicht alles schreiben zu können, was geschrieben werden will. Am bisherigen Erfolg des Textes und den zahlreichen, positiven Rückmeldungen lässt sich ablesen, dass auch skizzenhafte Darstellungen, Erkenntnis ermöglichen und Grundinformation weitergeben können.

Die nun vorliegende Ausgabe ist erweitert und ergänzt durch eine Auswahl relevanter Daten und Fakten zur Geschichte des Frauenwahlrechts und der österreichischen Frauenbewegung, die als Argumentationshilfe in den immer wiederkehrenden Debatten um Frauenrechte und Demokratie dienen sollen.

Abschließend danke ich herzlich dem Mandelbaum Verlag für die spontane Bereitschaft, dieses Buch in das bereits bestehende Programm aufzunehmen!

Den Frauen diene dieses Buch zur Ermutigung, den Männern zur Erweiterung ihres Geschichtsverständnisses und den kommenden Generationen möge es ein kleiner Mosaikstein auf dem Weg zur Erfüllung des großen demokratischen Versprechens von Frieden, Freiheit und gleichen Rechten für alle Geschlechter sein.

ELMAR WALTER, ST. NIKOLAUSSTIFTUNG

Vorwort

Frauen
Wahl
Recht

Drei Worte, die in der Geschichte der Menschheit lange nichts miteinander zu tun hatten, sich gewissermaßen gegenseitig ausschlossen bzw. vielmehr als Widerspruch in sich galten. Die Erkenntnis, dass sich Entscheidungsrechte nicht „von Gottes Gnaden" oder vom Naturrecht („starkes Geschlecht") herleiten und begründen lassen, ist eine sehr junge.

100 Jahre Frauenwahlrecht in Österreich ist ein Anlass innezuhalten, einen Blick auf die Entstehung der bzw. den Kampf um Frauenrechte zu machen und jene zu würdigen, die für sie eintraten. Dafür kann man nicht genug dankbar sein.100 Jahre Frauenwahlrecht mahnt aber vor allem zur Wachsamkeit: Die Geschichte der Frauenrechte gleicht einer Wellenbewegung. Manchmal fanden sie stärker Beachtung, manchmal wurden sie eingeschränkt oder schlicht abgeschafft. Demokratische Rechte sind grundsätzlich – unabhängig vom Geschlecht – keine unveränderbaren Größen. Die Geschichte lehrt, dass sie, ist einmal eine Regierung mit antidemokratischer Haltung an der Macht, sehr rasch für null und nichtig erklärt werden können. Das gilt für alle demokratischen Rechte, bezüglich der Frauenrechte zeigt(e) es sich umso rascher und deutlicher.

Deshalb gilt es, demokratische Rechte zu bewahren, zu respektieren, zu entwickeln und auszubauen. So gesehen ist Demokratie ein steter Auftrag – mit dem Wissen der Vergangenheit im Blick auf das Heute für die Zukunft einzutreten. Dieser Auftrag besteht deshalb schon im Kindergarten. Menschen können und müssen bereits in jungen Jahren Sinn, Wert und Chance der Demokratie kennen- und schätzen lernen. Somit muss Demokratie vom Kindesalter an gelebt und erlebt werden.

Die vorliegende Publikation soll einen Beitrag zu einer politisch wachsamen Haltung leisten. Der Anlass ist die Einführung des Frauenwahlrechts am 12. November 1918 in Österreich, der „Geburtsstunde" der Demokratie in unserem Land. Sie will aber mehr sein: ein Bewusstwerden und Nachdenken, ein Dankbarsein für die Möglichkeit der Mitbestimmung und ein Wertschätzen von demokratischen Rechten – aber auch ein Klar-Werden und Besinnen über unsere Verantwortung, die wir für die Zukunft unseres Landes haben.

*„Die gesamte Historie ist, mit geringen Ausnahmen,
einfach Männergeschichte und deshalb roh bis zum Äußersten
und ein schlechtes Vorbild."*
Helene von Druskowitz (1856–1918)

*„Jede Frau sollte mindestens ein Jahr lang
Frauengeschichte studieren, egal was sie sonst macht.
Jede Frau ändert sich, wenn sie erkennt,
dass sie eine Geschichte hat."*
Gerda Lerner (1920-2013)

Ein Blick zurück

Frauen und Männer haben Menschheitsgeschichte geschrieben.

Mindestens die Hälfte dieser Geschichte wurde von Frauen durch ihre Arbeit, ihr Wissen, ihre Intellektualität, ihre Erfahrung und ihre Kreativität geschrieben. Von der gestaltenden Kraft der Frauen zu allen Zeiten der Geschichte muss also ausgegangen werden. Angepasst oder widerständig haben sie die Grenzen ihrer
jeweiligen Gemeinschaft und Epoche akzeptiert oder überschritten – je nach historischem Moment und individuellen wie gesellschaftlichen Möglichkeiten.

Begabt zu Freiheit und Vernunft sind alle menschlichen Wesen – auch Frauen –, davon ist der Philosoph Immanuel Kant (1784–1804) überzeugt. Allerdings, so schreibt er in seinem Essay „Was ist Aufklärung?"[1] aus dem Jahr 1784, befinden sich Menschen in „selbstverschuldeter Unmündigkeit"[2]., die im Unvermögen bestehe, „sich seines Verstandes ohne Leitung eines anderen zu bedienen"[3]. Selbstverschuldet sei Unmündigkeit, so Kant, wenn den Menschen trotz verstandesmäßiger Einsicht in die Ursachen ihrer Unmündigkeit der Mut fehlt, diese Ursachen zu bekämpfen und sich zu befreien. „Sapere aude!" ruft Kant folglich seinem

1 Zit.nach: UTOPIE kreativ, Heft 159, 2004: 5-10, Rosa Luxemburg Stiftung, digital abrufbar unter: https://www.rosalux.de/fileadmin/rls_uploads/pdfs/159_kant.pdf , Letzter Zugriff: 09.01.2019

2 ebd.

3 ebd.

Lesepublikum zu: „Habe Mut, dich deines eigenen Verstandes zu bedienen!"[4]

Es braucht also Mut und aktiven Einsatz, um sich befreien zu können. Und es braucht Mut, Freiheit zu leben. Freie Entscheidungen treffen zu können, bedeutet auch, die Konsequenzen dieser Entscheidungen zu tragen, ohne die Verantwortung dafür an Andere delegieren zu können. „Freiheit ist Verantwortlichkeit" hält auch die österreichische Schriftstellerin Marie von Ebner Eschenbach (1830–1916) in ihren Aphorismen fest.[5] Die Fähigkeit zu Freiheit braucht aber auch Erziehung zu Freiheit von frühester Kindheit an und Bildung. Und: Um Entscheidungen treffen zu

können, braucht es Information und Wissen. „Wer nichts weiß, muss alles glauben", schreibt Marie von Ebner-Eschenbach[6], die sich Zeit ihres Lebens über ihre mangelhafte Bildung beklagt.

Wie aber Mut zu selbstständigem Denken und zu Freiheit entwickeln, wenn Denkfähigkeit über Jahrhunderte abgesprochen und Bildung gezielt verweigert wird? Der folgende Blick zurück in Frauen- und Demokratiegeschichte anhand der Entwicklung des Frauenwahlrechts in Österreich versucht hier die eine oder andere Antwort.

Am 12. November 1918 wird mit dem Gesetz über die Staats- und Regierungsform der Ersten Republik erstmals ein Wahlrecht „ohne Unterschied des Geschlechts" verankert. Am 4. März 1919 ziehen die ersten acht weiblichen Abgeordneten in das österreichische Parlament ein. Ein großer Erfolg der Ersten Frauenbewegung, ein später Schritt angesichts der Tatsache, dass Demokratie in Europa bereits in der griechisch-römischen Antike erdacht wird.

4 Hervorhebung Petra Unger

5 Marie von Ebner Eschenbach, Ein ganzes Buch- ein ganzes Leben. Aphorismen, Neuausgabe Insel Verlag, Berlin 2016

6 Ebd. S. 19

Wie konnte es über Jahrhunderte gelingen, Frauen – immerhin die Hälfte der Menschheit, fundamentale Rechte zu verweigern und sie aus der politischen Gestaltung ihrer Gesellschaften auszuschließen? Oder anders gefragt: Wie werden Frauen zu politischen Subjekten, die freiheits- und vernunftbegabt ihr individuelles Dasein und die Gesellschaft, in der sie leben, gestalten können? Zur Beantwortung dieser Fragen braucht es den Blick zurück bis in die griechisch-römische Antike. Es braucht für den Blick auf österreichische Frauengeschichte aber auch die Frage nach dem Frauenbild der Katholischen Kirche, das Jahrhunderte lang prägend ist.

Vom „Mangelwesen" der Frau

Es ist ein langer Weg bis Frauen als selbst denkende, entscheidungsfähige und in der Folge auch politische Menschen anerkannt werden. Frauen sind „Mangelwesen" – mit dieser Behauptung wird seit der Antike der Ausschluss der Frauen aus der Politik begründet. Selbst die Vordenker der europäischen Demokratie, unter anderen Aristoteles (384–322 v. Chr.), vertre-

ten diese Ansicht. So meint der Philosoph: „Das Weib ist Weib durch das Fehlen gewisser Eigenschaften."[7] Er begründet seine Behauptung mit der angeblich von Natur aus bedingten körperlichen wie geistigen Minderwertigkeit von Frauen, und er verwendet mit Verweis auf die Biologie diese Behauptung zur Rechtfertigung von Ausschlussmechanismen und der Zuteilung von Räumen nach Geschlecht. In der Vorstellung von Aristoteles findet Politik ausschließlich im öffentlichen Raum statt. So ist die Öffentlichkeit jener Ort, an dem politisches Handeln Gleichheit zwischen „in Stand und Besitz unterschiedlichen Männern" herstellt[8]. Frauen (und mit ihnen Kinder, Sklaven, jüngere und ältere Männer) werden dem privaten Raum zugeteilt. „Im privaten Raum gibt es nach seiner Vorstellung keine Politik, sondern Herrschaft"[9], und zwar jene des Hausherren. Ausschlussmechanismen, die großen Gruppen der Gesellschaft die Möglichkeit der

7 Zit. in: De Beauvoir, Simone: Das andere Geschlecht. Rowohlt Verlag, Hamburg, 1951: 10

8 Krause, Ellen: Einführung in die politikwissenschaftliche Geschlechterforschung, Verlag Leske + Budrich, Opladen 2003: 66

9 ebd.

politischen Gestaltung ihrer Gesellschaft verweigern und die Trennung von Öffentlich und Privat nach Geschlechtern gehören somit spätestens seit Aristoteles zur Ideengeschichte der Demokratie.

Die Vorstellung des idealen Staatsbürgers, der als perfekt und männlich gedacht wird und der ihm gegenüberstehenden mangelhaften Frau wird von Generation zu Generation weitergegeben und bald auch von Vertretern der katholischen Kirche übernommen.

Viele Jahrhunderte später fasst der Scholastiker Thomas von Aquin (1225–1274) aussagekräftig zusammen, wovon viele Männer vor und nach ihm überzeugt sind: Die Frau sei erstens „ein nicht ganz geglückter, vollständiger Mann", zweitens verfüge sie über „geringere Körperkraft und daher auch geringere geistige Fähigkeiten" und drittens stelle sie bei der Zeugung lediglich den Werkstoff zur Verfügung, während der Mann form- und lebengebender Erzeuger sei.[10] Thomas von Aquin spricht in seinen Formulierungen von der „Minderwertigkeit im Werden, im Sein und im Tätigsein"[11] und verfestigt einmal mehr jene Vorurteile, die Frauen eine Stellung als gleichberechtigte Bürgerinnen vorenthalten.

Erster Widerstand – Stadt der Frauen

Diese Vorstellungen von Weiblichkeit (und Männlichkeit) als nicht hinterfragbare Gewissheiten, ergänzt durch negative Zuschreibungen an Frauen, münden in der Antike wie im Mittelalter in allgemeine Bevormundung und Rechtlosigkeit der weibli-

10 Ziegerhofer, Anita: Der Bau eines Frauenzimmers in Europa; Zit. in: Flossmann, Ursula (Hg.in): Recht, Geschlecht und Gerechtigkeit. Frauenforschung in der Rechtswissenschaft, Universitätsverlag Rudolf Trauner, Linz, 1997: 36

11 Zit. in ebd.: Bodin, Jean: Über den Staat, Neuauflage, 1976: 13–14, 17

chen Bevölkerung. Die Frauen wehren sich dagegen und fordern ihren Status als gleichwertige Subjekte ein. So gilt Christine von Pizan (1365–1430) mit ihrem „Buch von der Stadt der Frauen" aus dem Jahr 1405 als eine der frühesten Vordenkerinnen gleicher Rechte für Frauen[12]. Sie ist eine der ersten Schriftstellerinnen in Europa, die angesichts der negativen Aussagen ihrer Zeitgenossen über Frauen ihr Unbehagen darüber offen ausspricht:

> Aber obwohl ich äußerst gründlich beobachtete und prüfte, fand ich keinerlei Anhaltspunkte für solche abschätzigen Urteile über meine Geschlechtsgenossinnen und die weiblichen Stände. Dennoch bezog ich Position gegen die Frauen und meinte, es sei völlig unvorstellbar, daß so bedeutende Männer (...) Lügen über Frauen verbreitet hätten (...) In diesen Gedanken steigerte ich mich dermaßen hinein, daß ich in einem Zustand der Lethargie verharrte (...) Zuguterletzt kam ich sogar zu dem Schluss, Gott habe mit der Frau ein niederträchtiges Wesen erschaffen. Allerdings konnte ich mir nicht erklären, wie der so überaus würdige Schöpfer sich zu einem solch abscheulichen Werk hatte herablassen können: zur Erschaffung eines Gefäßes, einer Brutstätte und eines Hortes aller Schlechtigkeit und Laster, wie jene Männer behaupteten. (...) In meinem Kummer sprach ich folgende Worte: ‚Ach Gott, wie ist das überhaupt möglich? Wenn mich mein Glaube nicht trügt, dann darf ich doch annehmen, daß Du in Deiner grenzenlosen Weisheit und vollkommenen Güte nichts Unvollkommenes erschaffen hast (...) es

12 De Pizan, Christine: Das Buch von der Stadt der Frauen (Le livre de la cité des dames. Aus dem Mittelfranz. übersetzt, eingeleitet und herausgegeben von Claudia Opitz), Dt. Taschenbuch-Verlag, München, 1996, Zit. in: Flossmann, Ursula: Frauenrechtsgeschichte. Ein Leitfaden für den Rechtsunterricht, 2. Aufl., Trauner Verlag, Linz, 2006: 28

> ist doch undenkbar, daß Du in irgendeiner Sache versagt haben solltest! Und dennoch gibt es so viele und gewichtige Beschuldigungen, mehr noch: Urteile, Versicherungen, Schlußfolgerungen zu Ungunsten der Frauen. Dies ist ein Widerspruch, den ich nicht aufzulösen vermag (…)[13]

Christine von Pizan beschreibt anschaulich und berührend, welche Wirkung die allgegenwärtigen Abwertungen auf Frauen haben: Starke Selbstzweifel bis hin zu Depressionen. Sie antwortet auf ihre Zweifel und die erkannten Widersprüche mit ihrem „Buch über die Stadt der Frauen", in dem sie fiktive Frauenfiguren Gespräche über Selbstbewusstsein, Tugenden der Vernunft und Gerechtigkeit führen lässt. Sie liefert auf diese Weise zahlreiche Argumente gegen die erlebte Frauenverachtung und entwirft zugleich die Utopie einer „Stadt der Frauen" als einen Ort ohne Raum und Zeit, in dem Selbstreflexion und Ermutigung Platz finden können. Gleichzeitig entwickelt sie mit der Darstellung herausragender, historischer wie mythologischer Frauenfiguren die Strategie der „Role Models": Vorbildhafte Frauen, die nachfolgenden Generationen als Beispiel dienen. Sie schafft damit ein vielbeachtetes Trostbuch[14] für Frauen und zugleich eine Verteidigungsschrift. Viele nachkommende Frauengenerationen finden darin Ermutigung und Unterstützung.

Zeitalter der Vernunft

Mit dem Zeitalter der Aufklärung des 18. Jahrhunderts verändern sich die gesellschaftlichen Strukturen grundlegend. Angesichts der bahnbrechenden Erkenntnisse der Naturwissenschaften und der damit veränderten Sicht auf das Weltgeschehen und auf

13 ebd. 28

14 Vgl. Abhandlung zu Christine de Pizan. Das Buch von der Stadt der Frauen: https://www.uni-salzburg.at/fileadmin/oracle_file_imports/565431.PDF

religiöse Weltinterpretationen geraten absolutistische Regierungsformen „von Gottes Gnaden“ zunehmend in Kritik. Staatliche und kirchliche Bevormundung werden grundlegend hinterfragt. Der im Geiste der Aufklärung von Vernunft geleitete Bürger soll die Geschicke der Gesellschaft (und der Welt) selbstbestimmt und selbstbewusst übernehmen. Freiheit, Gleichheit und Toleranz sollen nach Auffassung der Aufklärer John Locke (1632–1704) oder Jean Jacques Rousseau (1712–1778) das Handeln der Menschen bestimmen. Hierarchie und Herrschaft müssen sich in der Folge neu legitimieren. Neue Argumentationsmuster werden entwickelt, um Ein- und Ausschluss der verschiedenen Bevölkerungsgruppen, von denen die einen nach Machterhalt und die anderen nach Mitbestimmung streben, zu rechtfertigen.

Während John Locke Eigentum und finanzielle Unabhängigkeit als Voraussetzung für Politikfähigkeit deklariert, spricht Jean Jacques Rousseau von der Fähigkeit zu Vernunft als Bedingung für politisches Handeln. Vernunft wird Frauen nicht zugestanden. Finanzielle Unabhängigkeit wird ihnen selten ermöglicht. Trotz der idealen Vorstellungen von Freiheit und Gleichheit aller Menschen bleiben Frauen von den neuen Konzepten ausgeschlossen.

Geschlechtscharakter

Die immer einflussreicher werdende (männliche) Wissenschaft[15] beteiligt sich auf ihre Weise am Ausschluss der Frauen. War bisher nur von graduellen biologischen Unterschieden zwischen Frau und Mann die Rede, wird nun von völlig verschiedenen weiblichen und männlichen Körpern gesprochen. Der jeweilige Körper bestimmt den Charakter des Menschen, so die immer

15 Frauen bleiben bis ins 19. Jahrhundert vom Zugang zu Universitäten ausgeschlossen.

weiter verbreitete und nun wissenschaftlich behauptete Ansicht. Damit ist nicht nur der Grundstein für rassistische Theoriegebilde, sondern auch für die Vorstellung eines angeblich unveränderbaren „Geschlechtscharakters" der Frau gelegt. Eigenschaftspaare wie stark – schwach, groß – klein, hart – weich, selbstständig – abhängig oder vernünftig – gefühlvoll werden nun jeweils Männern und Frauen zugeordnet. Die Minderwertigkeit der Frau wird auf diese Weise als unveränderbare, biologische Tatsache etabliert. Mit der Zuschreibung von Eigenschaften werden Frauen und Männern auch entsprechende gesellschaftliche Räume zugewiesen. Einmal mehr sollen Männer im Öffentlichen gestalten, arbeiten und herrschen, während sich Frauen im Privaten dem Gebären, der Kinderaufzucht und dem Haushalt widmen sollen. Zur behaupteten „natürlichen Ordnung der Geschlechter" kommt die Normierung der Heterosexualität hinzu. Als einzig legitime Form wird Sexualität zwischen Mann und Frau mit dem Zweck der Fortpflanzung anerkannt. Homosexualität, bis zum 18. Jahrhundert als „Lasterhaftigkeit" gesehen und unter der Regierung Kaiserin Maria Theresias mit besonderer Härte verfolgt[16], wird nun von der Wissenschaft zur Krank-

16 Homosexualität wird im 74. Artikel der Constitutio Criminalis Theresiana u.a. mit Sodomie (sexuelle Handlungen mit Tieren) und Nekrophilie (sexuelle Handlungen mit Leichen) gleichgesetzt. Als Strafe ist Enthaupten und Verbrennen aller Körper und Körperteile vorgesehen: Art. 74, von der Unkeuschheit wider die Natur. § 1. Das abscheulichste Laster der Unkeuschheit wider die Natur, oder sodomitische Sünd wird verübt erstlich: wenn von einem Menschen mit dem Viehe, oder toden Körpern; andertens: wenn zwischen Personen einerley Geschlechts, als Mann mit Mann, Weib mit Weib, oder auch Weib mit Mann wider die Ordnung der Natur Unzucht getrieben wird; worzu drittens: gewissermassen auch die von Jemanden allein begehend - widernatürliche Unkeuschheiten zu rechnen sind. Quelle: Universität Wien, Elisabeth Holzleithner: https://homepage.univie.ac.at/elisabeth.holzleithner/Or_Rechtsnormen.html

heit erklärt. Ebenfalls außerhalb der „Ordnung der Natur" stehen unehelich geborene Kinder, denen bis ins 20. Jahrhundert gleiche Rechte und Versorgung vorenthalten bleiben. Die bürgerliche Vater-Mutter-Kind-Familie wird als anzustrebende Norm vorgegeben. Ganz in der Tradition der Antike und der katholischen Kirche besitzt der Mann in dieser Geschlechter- und Familienordnung Herrschaftsgewalt bis hin zum Recht auf gewalttätige Machtausübung.

In diesem Zusammenhang fordert auch Jean Jacques Rousseau trotz seiner aufklärerischen Ideale die völlige Unterordnung der Frau:

> (…) Aus diesem zur Gewohnheit gewordenen Zwang entsteht die Folgsamkeit, die die Frauen ihr ganzes Leben lang brauchen, weil sie immer entweder einem Mann oder den Urteilen der Gesellschaft unterworfen sind und sich niemals über diese Urteile hinwegsetzen dürfen. Die erste und wichtigste Eigenschaft einer Frau ist die Sanftmut (…) (sie muss) frühzeitig lernen, Unrecht zu erdulden und Übergriffe eines Mannes zu ertragen, ohne sich zu beklagen.[17]

Dieses „Recht des Mannes" begründet Rousseau mit dem Gesetz der Natur bzw. des Körpers. Zwar gesteht er Frauen Bildung zu, diese solle jedoch ausschließlich der Vorbereitung auf ihre Rolle als Hausfrau, Ehefrau und Mutter dienen.

Derartige „Platzverweise" und Frauenfeindlichkeit bleiben nicht unwidersprochen. Am deutlichsten reagiert die englische Schriftstellerin, Übersetzerin, Philosophin und Frauenrechtlerin Mary Wollstonecraft (1759–1797) auf Rousseaus Schriften:

> Ich liebe den Mann, als meinen Gefährden; aber seine Herrschaft, sie sey rechtmäßig oder angemaaßt, erkenne ich nur

17 Zit. in: Flossmann, Ursula, 2006: 64, aus: Rousseau, Jean Jacques: Emile oder über die Erziehung, 1762

dann, wenn die Vernunft eines Individuums mir diese Huldigung gebietet: und selbst dann unterwerfe ich mich nur der Vernunft, nicht dem Manne.[18]

Mary Wollstonecraft widerlegt in ihrer Schrift Rousseaus Argumente und Behauptungen Punkt für Punkt, um schließlich – ihrer Zeit weit voraus – Koedukation von Mädchen und Jungen in öffentlichen Schulen, den Zugang zu Bildung, Erwerbstätigkeit und die rechtliche Gleichstellung im Privaten wie im Öffentlichen auch für Mädchen zu fordern. In klaren Worten verlangt sie die Beteiligung an Politik und Wirtschaft:

> Auch könnten sie (die Frauen)[19] Politik studiren, und dadurch ihr Wohlwollen für die Menschheit auf seine dauerhafteste Grundlage stützen (…) Sie könnten auch so mancherley andre Geschäfte betreiben, wenn sie nur ordentlicher erzogen würden (…) Die Weiber würden dann nicht bloß des Brodes wegen heyrathen (…).[20]

Am Ende ihres Textes kommt Mary Wollstonecraft zu einem scharfsinnigen Schluss:

> (…) Nimmt man (…) (die fehlende Vernunft bei Frauen) an, so giebt es für die Weiber keine angebornen und unveräußerlichen Rechte: allein, dann verschwinden auch, aus demselben Grunde, ihre Pflichten – denn Pflichten und Rechte sind unzertrennlich verbunden.[21]

18 Wollstonecraft, Mary: Verteidigung der Rechte des Weibes (A Vindication of the Rights of Woman), 1792, in: Gerhard, Ute; Pommerenke, Petra; Wischermann, Ulla (Hg.innen): Klassikerinnen feministischer Theorie. Grundlagentexte, Band 1 (1789–1919), Ulrike Helmer Verlag, Königstein / Taunus, 2008: 32

19 Ergänzung Petra Unger

20 Wollstonecraft 1792, in: Gerhard, Pommerenke, Wischermann, 2008: 36

21 ebd. 40

Wenn gleiche Rechte verweigert werden, sind Frauen auch von ihren Pflichten befreit, so die streitbare Frauenrechtlerin der ersten Stunde.

Mann, bist du fähig, gerecht zu sein

Olympe de Goughes[22] (1748–1793), die sich während der Französischen Revolution 1789 für Gleichheit einsetzt, reagiert ebenfalls auf die neuen-alten Ausschlussstrategien der Männer. Auch sie ist Schriftstellerin und Frauenrechtlerin und beteiligt sich aktiv an der Revolution. Sie erlebt die Ausrufung der Menschenrechte, um unmittelbar danach enttäuscht festzustellen, dass es sich bei dieser Erklärung ausschließlich um die Rechte der freien, weißen Männer handelt. Sie antwortet darauf mit kritischen Schriften und Theaterstücken, die sie auf eigene Kosten veröffentlicht. In ihrer „Erklärung der Rechte der Bürgerin und Frau“[23] richtet sie selbstbewusst ihr Wort direkt an die Männer:

> Mann, bist du fähig, gerecht zu sein? Eine Frau stellt dir diese Frage. (…) Sag mir, wer hat dir die selbstherrliche Macht verliehen, mein Geschlecht zu unterdrücken? (…).[24]

Olympe de Goughes spricht in der Folge von der despotischen Herrschaft des Mannes über „ein Geschlecht (…), das alle intellektuellen Fähigkeiten besitzt“[25], fordert im Namen von „Müttern, Töchtern, Schwestern (und) Vertreterinnen der Nation“[26] die Auf-

22 In einer abweichenden Schreibweise wird ihr Name auch als Marie Gouze bzw. Gouges angeführt.

23 „Déclaration des droits de la femme et de la citoyenne“, 1791

24 Aus: Gerhard, Ute: Gleichheit ohne Angleichung. Frauen im Recht, Beck Verlag, München, 1990. Die Übersetzung stammt von Th. Sauter und G. Guttenberg und wurde dem Band von Schröder, Hannelore: Die Frau ist frei geboren, Beck Verlag, München, 1979 entnommen.

25 ebd. 2

26 ebd.

nahme in die Nationalversammlung und erklärt die „natürlichen, unveräußerlichen und heiligen Rechte der Frau."[27] Sie ergänzt sämtliche Artikel der ersten Menschenrechtserklärung um den Begriff der Frau und schreibt sie damit neu. So lautet der Artikel 1 der (männlich formulierten) Menschenrechte von 1789: „Die Menschen sind frei und bleiben von Geburt frei und gleich an Rechten. Soziale Unterschiede dürfen nur im gemeinen Nutzen begründet sein."

In der Ausführung von Olympe de Goughes 1791 liest sich dieser Artikel jedoch anders: „Die Frau ist frei geboren und bleibt dem Manne ebenbürtig in allen Rechten. Soziale Unterschiede können nur im gemeinen Nutzen begründet sein."[28]

Während in Artikel 2 zu lesen ist: „Das Ziel jeder politischen Vereinigung ist die Erhaltung der natürlichen und unveräußerlichen Menschenrechte. Diese Rechte sind Freiheit, Eigentum, Sicherheit und Widerstand gegen Unterdrückung", formuliert Olympe de Goughes: „Ziel und Zweck jedes politischen Zusammenschlusses ist der Schutz der natürlichen und unveräußerlichen Rechte sowohl der Frau als auch des Mannes, die da sind: Freiheit, Sicherheit, das Recht auf Eigentum und insbesondere das Recht auf Widerstand gegen Unterdrückung."[29]

Olympe de Goughes erkennt schon damals die Bedeutung geschlechtergerechter Schreibweise, um Frauen aus dem „Mitgemeint-Werden" und der Orientierung des Menschseins am männlichen Geschlecht zu befreien. Frauen müssen auch sprachlich sichtbar werden, um nicht übergangen werden zu können – so die frühe Erkenntnis Olympe de Goughes'. Für ihre Scharfsinnigkeit und ihren politischen Mut muss sie jedoch bald das Schafott besteigen.

27 ebd.

28 ebd. 3

29 ebd. 3 und Hervorhebung von Petra Unger

Am 3. November 1793 wird sie in Paris hingerichtet. Ihr Leben und Werk gerät für lange Zeit in Vergessenheit. Ihre Grundgedanken finden jedoch in den folgenden Jahrzehnten weite Verbreitung und immer mehr Frauen werden sich der ihnen vorenthaltenen Rechte bewusst. Auch wenn die Zeit der unmündigen, nahezu rechtlosen Frau mit der Französischen Revolution langsam zu schwinden beginnt und der Kampf um Anerkennung als gleichwertige Bürgerinnen in eine weltweite, vielfältige Frauenbewegung mündet, wird zunächst – im Gegensatz zu den Forderungen der Revolution – die Macht der Männer in Österreich gesetzlich verankert.

Der Mann, das Haupt

Seit 1811 gilt der Mann als „Haupt der Familie" im österreichischen „Allgemeinen Bürgerlichen Gesetzbuch" (ABGB). Gegen die aufklärerisch-modernen Vorstellungen von Carl Anton von Martini (1726–1800), der 1790 unter Kaiser Leopold II. (1747–1792) zum Vorsitzenden der Hofkommission für Gesetzessachen berufen worden war, setzt sich sein Schüler Franz Alois Zeiller (1751–1828) mit seinen frauendiskriminierenden Formulierungen durch. Während Carl Anton Martini in seinem 1769 verfassten Lehrbuch „Lehrbegriff des Naturrechts"[30] noch von einem partnerschaftlichen Ehemodell spricht:

> Aus der Natur und aus dem Endzwecke der ehelichen Gesellschaft fliessen beyden Ehegatten die nämlichen gesellschaftlichen Rechte zu. Keiner kann also die Handlungen des anderen willkürlich bestimmen, und die Ehe ist eine gleiche Gesellschaft[31],

30 „De lege naturali positiones", 1769

31 Martini, Carl Anton von: Lehrbegriff des Naturrechts. Neue vom Verfasser selbst veranstaltete Übersetzung seines Werkes „De lege naturali positiones" (1799), Neudruck 1970, § 700, 275. Zit. in: Flossmann, Ursula

formuliert Franz Alois Zeiller, ab 1801 mit Kodifizierungsarbeiten beauftragt, das Verhältnis der Ehepartner mit den Worten:

> Der Mann ist das Haupt der Familie. In dieser Eigenschaft steht ihm vorzüglich das Recht zu, das Hauswesen zu leiten; es liegt ihm aber auch die Verbindlichkeit ob, der Ehegattin nach seinem Vermögen den anständigen Unterhalt zu verschaffen, und sie in allen Vorfällen zu vertreten.[32]

In § 92 wird weiter festgehalten:

> Die Gattin erhält den Nahmen des Mannes und genießt die Rechte seines Standes. Sie ist verbunden, dem Manne in seinem Wohnsitz zu folgen, in der Haushaltung und Erwerbung nach Kräften beyzustehen, und so weit es die häusliche Ordnung erfordert, die von ihm getroffenen Maßregeln sowohl selbst zu befolgen als befolgen zu machen.[33]

Damit ist die Unterordnung der Frauen bis in das 20. Jahrhundert hinein gesetzlich festgeschrieben. Zwei Frauenbewegungen werden in den nächsten Jahrzehnten gegen die diskriminierenden Regelungen des Allgemeinen Bürgerlichen Gesetzbuches 1811 und den damit festgeschriebenen Rückschritt hinter die Errungenschaften der Französischen Revolution ankämpfen. Es sind schließlich die Arbeiterinnen von Wien, die für Österreich den Stein der Emanzipation wieder ins Rollen bringen.

(Hg.), Greif, Elisabeth, Schobesberger, Eva: Einführung in die Feministische Rechtswissenschaft. Ziele-Methoden-Theorien, Trauner Verlag, Linz, 2007: 20

32 Allgemeines bürgerliches Gesetzbuch für die gesamten Erbländer der österreichischen Monarchie, § 91, 1811: 32

33 ebd. 33

Eine große Bewegung geht durch die Länder

Schon vor den Ereignissen des Jahres 1848 „gärt und brodelt" es in den verschiedenen Ländern der Monarchie und den Vorstädten Wiens. Seit dem Staatsbankrott der österreichischen Monarchie 1811, der Aufhebung der Kontinentalsperre[34] durch Frankreich und nach Missernten verschlechtert sich die Situation der Bevölkerung zunehmend. Mit der beginnenden Industrialisierung und den immer schwieriger werdenden Arbeits- und Lebensumständen von Bauern und Bäuerinnen sowie Arbeiterinnen und Arbeitern setzt zudem eine Migrationsbewegung vor allem der Textilarbeiterinnen aus den Kronländern Böhmen und Mähren Richtung Wien ein. Auch Handwerker, Klein- und Zwischenhändlerinnen und -händler, mittlere und niedere Beamte suchen mit ihren Familien bessere Einkommensmöglichkeiten in der Residenzstadt. Die starke Zuwanderung führt zu enormer Wohnungsnot und erhöhten Mietpreisen. In heruntergekommenen Zimmer-Küche-Wohnungen und elenden Pawlatschen-Häusern finden die Menschen notdürftig Unterkunft. Häufig wird in den beengten Wohnungen

34 Am 21. November 1806 verfügt Napoleon eine Wirtschaftsblockade über die britischen Inseln, um die französische Wirtschaft gegen europäische und transatlantische Konkurrenz zu schützen und zugleich Großbritannien wirtschaftlich zu schaden. Vor allem die österreichische Textilindustrie hatte von der Blockade englischer Produkte profitiert. Mit Aufhebung der Kontinentalsperre steigt der Konkurrenzdruck und fallen die Preise für Textilprodukte. Damit verarmen zunehmend die Textilarbeiterinnen und Textilarbeiter.

auch gearbeitet. In Heimarbeit produzieren vor allem Frauen und Kinder weiter für die Textilindustrie – ohne soziale Absicherung und Arbeitsrechte. Auch als Wäscherinnen, Holz- und Wasserträgerinnen, Haderlumpensammlerinnen[35], Erdarbeiterinnen oder Marktfrauen sichern sie das Überleben ihrer Familien. Frauen der unteren Einkommensschichten sehen sich zunehmend gezwungen, selbst einer Erwerbsarbeit außer Haus nachzugehen.

Praterschlacht. Die erste Frauendemonstration

Mit der Behauptung, Frauen seien aufgrund ihres Geschlechts nicht in der Lage, dasselbe wie Männer zu leisten, werden niedrigere Löhne für gleiche Arbeit begründet. Als die ohnehin geringeren Löhne der Erdarbeiterinnen im Straßenbau Wiens ein weiteres Mal gesenkt werden, gehen 3000 Frauen, und auch einige solidarische Männer, am 23. August 1848 auf die Straße, um gegen die Lohnkürzungen zu protestieren. Mit Strohpuppen, die an einem Fünf-Kronen-Stück zu ersticken scheinen, wird aktionistisch gegen die Maßnahme des Arbeitsministers Ernst von Schwarzer (1808–1860) demonstriert. Die erste Frauendemonstration mit der zentralen Forderung „Gleicher Lohn für gleiche Arbeit" zieht über die Praterstraße in Wien-Leopoldstadt zur Prater Hauptallee, wo Nationalgarde und Sicherheitswache den Demonstrantinnen und Demonstranten mit Waffen entgegentreten. Provoziert von Aktionismus und Heftigkeit der Proteste, vor allem aber – wie die Presse später berichten wird – vom Verhalten der Arbeiterinnen, wird das Feuer auf die Menge eröffnet. Die Bilanz ist erschütternd: 18 tote Arbeiterinnen und Arbeiter, 4 tote Soldaten und 282 Verwundete, darunter viele Frauen. Als Hauptargument, warum so brutal vorgegangen wurde und so viele Frauen mit Halsstich- und Kopfwunden ins Krankenhaus eingeliefert worden waren, wird

35 Haderlumpen: abgetragene Kleidungsstücke, Stoffreste

„Praterschlacht", Die erste Frauendemonstration wird 1848 blutig niedergeschlagen

das „ungebührliche Verhalten" der Erdarbeiterinnen angeführt. Die verantwortlichen Gardisten argumentieren: „Besonders die Weibsbilder betrugen sich wie die Furien; auf die roheste, empörendste, unsittlichste Weise wurde die Garde beleidigt."[36] Ausländische Berichterstatter finden hierzu andere Formulierungen: „Die Weiber zeigten einen außerordentlichen Mut"[37] und der Korrespondent E. Müller-Tellering beschreibt die eigentliche politische Absicht der Herrschenden hinter der gewalttätigen Niederschlagung der Proteste mit klaren Worten: „Man will entzweien (…), um zum militärischen Despotismus zu kommen und den Weg anzubahnen, der in die schöne alte Zeit zurückführt."[38]

36 Vereinsstatuten, Zit. in: Hauch 1990: 210

37 E. Müller-Tellering in der „Neuen Rheinischen Zeitung", 30. August 1848, Nr. 88, Zit. in: Kleindl 1978: 243

38 ebd.

Erster politischer Frauenverein

Tatsächlich spaltet das „Augustmassaker" (wie die Praterschlacht an anderer Stelle genannt wird) die revolutionäre Bewegung. Zunächst jedoch kommt es zu Solidarität unter den Frauen. Adelige und bürgerliche Frauen versuchen unmittelbar nach der Praterschlacht im Salon des Wiener Volksgartens aus Empörung über die Ereignisse die Gründung des ersten politischen Frauenvereins. Sie erfahren dabei heftigen Widerstand der herrschenden Männer. Die Gründungsversammlung muss bald aufgelöst und vertagt werden, angesichts der in den Raum drängenden Männer, die unter Gewaltandrohung die Vereinskonstitution verhindern wollen:

Karoline von Perin (1806-1888), Mitbegründerin des ersten politischen Frauenvereins

> Während der Zeit ersuchte eine sehr bekannte Dame die eindringenden Herrn, sich doch zurückzuziehen, um die Versammlung nicht zu stören, allein es war umsonst, und ein Herr war sogar so unverschämt, (einer Frau) eine Ohrfeige anzutragen, wenn sie sich nicht ruhig verhielte.[39]

Die Gründerin Karoline von Perin (1806–1888) und ihre Mitstreiterinnen lassen sich nicht beirren. Sie wechseln in ein Gasthaus in Wien-Mariahilf und schreiben dort, trotz anfänglicher interner Meinungsunterschiede ihre Forderungen nach politischer und gesellschaftlicher Partizipation von Frauen in ihren Vereinsstatuten fest:

> § 2 Die Aufgabe des Vereines ist eine dreifache: eine politische, eine sociale und eine humane:
> a) eine politische, um sich durch Lectüre und belehrende Vorträge über das Wohl des Vaterlandes aufzuklären, das demokratische Prinzip in allen weiblichen Kreisen zu verbreiten, die Freiheitsliebe schon bei dem Beginne der Erziehung in der Kinderbrust anzufachen, und zugleich das deutsche Element zu kräftigen;
> b) eine sociale, um die Gleichberechtigung der Frauen anzustreben, durch Gründung öffentlicher Volksschulen und höherer Bildungsanstalten den weiblichen Unterricht umzugestalten, und die Lage der ärmeren Mädchen durch liebevolle Erhebung zu veredeln;
> c) eine humane, um den tiefgefühlten Dank der Frauen Wiens für die Segnungen der Freiheit durch sorgsame Verpflegung aller Opfer der Revolution auszusprechen.[40]

39 Flugblatt „Der Frauenaufruhr im Volksgarten" 1848, Wienbibliothek, https://www.digital.wienbibliothek.at/wbrobv/content/pageview/2003044

40 Vereinsstatuten, Zit. in: Hauch 1990: 210

Mit dem dritten Punkt wird erstmals Frauensolidarität über Klassengrenzen hinweg verschriftlicht, geht es doch insbesondere um die Unterstützung der Arbeiterfamilien, deren Angehörige während der Praterschlacht ums Leben gekommen sind.

Revolution 1848

Bald nach diesen Ereignissen kommt es erneut zu Protesten in den verschiedenen Ländern der Monarchie. Ermutigt durch die Erfolge der Pariser Aufständischen am 24. Februar 1848, ergreifen die Studenten der Universität Wien, die Initiative und fordern – bejubelt und gefeiert von bürgerlichen Frauen – Presse-, Rede- und Lehrfreiheit, die Gleichstellung der Konfessionen, Volksbewaffnung und die Einrichtung einer allgemeinen Volksvertretung. Die kaiserliche Regierung fühlt sich immer wieder bedroht von fordernden Menschenmengen, reagiert nervös und richtet die Waffen gegen die friedlich protestierende Bevölkerung. Am 13. März 1848 eröffnet das Militär das Feuer auf eine dieser Demonstrationen. Dem darauf ausbrechenden Aufstand in den Vorstädten und der Gewalt des Kaiserhauses fallen zahlreiche weitere Arbeiterinnen und Arbeiter zum Opfer. Trotz der blutigen Niederschlagung führen die Proteste zunächst zu unerwarteten Erfolgen: Der vielkritisierte Staatskanzler Metternich tritt noch am selben Tag zurück und verlässt Österreich fluchtartig in Richtung England. Das Kaiserhaus verspricht in der Folge Zugeständnisse. Das Ende der Zensur und eine neue Verfassung werden in Aussicht gestellt. Jubelnd ziehen die Menschen durch die Straßen der Innenstadt, obwohl insgesamt 35 Tote (darunter fünf Frauen – Rosina Schambor, Dienstmagd, 26 Jahre, Margaretha Schambor[41], Wäscherin, 30 Jahre, Eva Haumer, Zimmergesellensgattin, Maria

41 Seit 1929 ist die Schamborgasse im 14. Wiener Gemeindebezirk nach den beiden Frauen benannt.

Mayer, eine 70-jährige Pfründerin[42] und Anna Serflinger, ebenfalls Pfründerin)[43] – zu beklagen sind.

Die Bestattung der Revolutionsopfer auf dem Schmelzer Friedhof in Rudolfsheim-Fünfhaus[44] gerät unter Anteilnahme von 40.000 Menschen zu einer beeindruckenden politischen Demonstration.

Frauen der Revolution

Der Kampf um erste demokratische Rechte ist damit jedoch noch nicht beendet. Im weiteren Verlauf der revolutionären Ereignisse gewinnen Frauen zunehmend an Bedeutung und Sichtbarkeit. Sie entwickeln erstmals in der österreichischen Geschichte ihre eigenen politischen wie gesellschaftlichen Forderungen. So werfen Prostituierte Flugblätter mit Forderungen nach Absetzung der Herrschenden aus ihren Fenstern. Dienstmädchen halten im Mai 1848 ihre erste Versammlung ab und fordern Arbeitsrechte.[45] Bürgerliche Frauen verlangen den Zugang zum Beruf der Hofdame und selbst adelige Frauen beteiligen sich an politischen Diskussionen, nähen Fahnen für die Revolutionäre und tragen demonstrativ „Gesinnungsmode". Im Zuge der weiteren Auseinandersetzungen wechseln sich Fortschritte und Rückschläge in rascher Reihenfolge ab. Einer „Sturmpetition" der Studenten der Akademischen Legion mit der Forderung nach der Einberufung eines konstituierenden Reichstages in allgemeiner, direkter und freier Wahl folgt die Auflösung der Legion auf Befehl Albert Graf Montecuccoli (1802–1852) und die Schließung der Universität.

42 Hehner 1848, 8, Zit. in: Hauch 1990: 176

43 Der Humorist 1848/72–73, 274, Zit. in: Hauch 1990: 176

44 heute Märzpark im 15. Bezirk

45 Es wird über 50 Jahre dauern, bis ihre Forderungen im Nationalrat der 1. Republik Gehör finden.

Eine militärische Drohgebärde, die von der Wiener Bevölkerung als Kampfansage interpretiert wird. Bürger, Studenten, Bauarbeiter und Frauen aller Schichten errichten gemeinsam Barrikaden aus Straßenpflastern, umgestürzten Wagen, Fässern und Baugerüsten, um sich zu rüsten. Adelige wie bürgerliche Frauen tragen Tische, Sessel und Matratzen auf die Straße, organisieren Essen und besorgen sogar Waffen mit Munition: „Die Damen in feinsten Kleidern schnallten selber den Degen um und trugen auch das Gewehr."[46] Sie überschreiten damit die sozialen Grenzen und Normen.

Wandelnde Unschuld, trunkene Mänaden und Kämpferinnen

Männliche Journalisten und Berichterstatter[47] reagieren unterschiedlich auf dieses schichtübergreifende Zusammentreffen im öffentlichen Raum. Während sie bürgerliche Frauen als „wandelnde Unschuld", die für höhere Werte kämpfen, idealisieren, werden Arbeiterinnen als liederliche „trunkene Mänaden"[48], „... die im phantastischen Aufputze mit Pistolen, Säbeln, Musketen und Piken bewaffnet, die ernste Volksbewegung zur frivolen Farce erniedrigten"[49], diffamiert. Andere wiederum romantisieren die Ereignisse: „Junge Arbeiterinnen, gelbe breite Strohhüte auf dem Kopf und Zigarren im Munde sagten mit glühenden Wangen und seligen Augen: Servus! Wenn sie an ihren Lieblingen den Studenten vorbeigingen."[50] Meinen die einen, revolutionäre Frauen seien schlechte Mütter und treulose Ehefrauen, idealisieren andere den revolutionären Einfluss der Frauen auf die kommenden Generati-

46 Der Volksfreund 1848/30, 123, Zit. in: Hauch 1990: 123

47 Es gibt kaum Selbstzeugnisse von Frauen.

48 ekstatische Frauen.

49 Heinrich Reschauer in: Smets 1872: 280

50 Der Volksfreund-Beilage 1848/28 o.S., Zit. in: Hauch 1990: 129

onen. In der Presse wird auf diese Weise das Geschlechterverhältnis erstmals zum öffentlich diskutierten Thema. Auf der Straße und im Schein der Wachfeuer an den 160 Barrikaden[51] der Stadt werden zeitgleich Handlungs- und Gestaltungsmöglichkeiten erweitert, neue Formen des Miteinander ausprobiert und weitere Organisationen gegründet.

Bald überrollen die Ereignisse in Ungarn die Wiener Revolutionäre. Mit Ausrufung der Unabhängigkeit und Abspaltung Ungarns von der österreichischen Monarchie sowie nach Ermordung des Kriegsministers Baillet von Latour in Wien durch Revolutionäre, beginnt das Kaiserhaus mit aller Gewalt gegen die Wiener Revolution vorzugehen. Angesichts der militärischen Bedrohung beginnen erneut Frauen gemeinsam mit ihren Männern in den Vororten selbstorganisiert Barrikaden und Schutzwälle zu bauen. Ein Journalist der Zeitschrift „Bohemia" kommentiert: „Weiber und Kinder, Dienstmädchen und zarte Hausfräulein (waren in der Leopoldstadt) an allen Punkten so eifrig beschäftigt, einander im Aufreißen des Straßenpflasters und im Konstruieren desselben zu überbieten, dass ein unbefangener Beobachter leicht hätte verleitet werden können, zu meinen, es handle sich um unbedingte Emancipation."[52]

Es geht den Frauen der Vorstädte und Vororte vordergründig tatsächlich (noch) nicht um ihre eigene Emanzipation, sondern um ihr Überleben. Sie haben nichts zu verlieren und kämpfen bis zuletzt. Die Rache der kaiserlichen Truppen[53] wendet sich besonders grausam gegen die Frauen: „Die in der Leopoldstadt eingedrungenen Kroaten verübten Greueltaten, die man wiederzugeben

51 Manche Autorinnen und Autoren sprechen von über 200 Barrikaden

52 Bohemia 1848 / 225 o.S., Prag, Zit. in: Hauch 1990: 217

53 Vor allem jener Truppen unter dem Befehl des kroatischen Feldherrn Joseph Jelačić von Bužim (1801–1859)

schauert. Der Wirtin am Schüttelbade wurden die Brüste abgeschnitten, der Bauch aufgeschlitzt und dann ihr Mann ins Feuer geworfen. Kinder und Frauen wurden ermordet, alles geplündert und zerschlagen (...)."[54]

Nach erbitterten Kämpfen in den Vorstädten, brutaler, sexualisierter Gewalt an Frauen und Mädchen und rund 2000 Toten wird die Stadt „im Sturm" erobert. Einige führende Revolutionäre werden hingerichtet. Politisch engagierte Frauen wie Karoline von Perin, Präsidentin des Ersten Wiener Demokratischen Frauenvereins, werden brutal misshandelt, enteignet und des Landes verwiesen.

Trotz der gewalttätigen Einschüchterung bleiben die Ideale der Revolution von Gleichheit und Gleichberechtigung nachhaltig in Erinnerung. Die revolutionären Erfahrungen sind in den folgenden Jahrzehnten ideelle Grundlage für die Entstehung der Ersten Frauenbewegung.

Machterhalt und Verfassung

Nach der Niederschlagung der Revolution besteigt Kaiser Franz Joseph I. (1830–1916) im Alter von 18 Jahren den Kaiserthron und nimmt nahezu alle politischen Zugeständnisse an die revolutionäre Bevölkerung zurück. Er installiert seine neoabsolutistisch-autoritäre Regierung und ordnet zahlreiche repressive Maßnahmen gegen die Bevölkerung an. Trotz aller Versuche des Kaiserhauses, das Rad der Geschichte zurückzudrehen, formulieren die unterschiedlichsten Gruppen weiterhin ihre Forderungen und setzen den Streit um Demokratisierung der Gesellschaft und Selbstbestimmung der Völker fort. Außenpolitisch unterschätzt Kaiser Franz Joseph die Sprengkraft der nationalen Bewegungen, innenpolitisch bringt ihn das Streben des Bürgertums nach einer

54 Hauch 1990: 228

demokratischen Ordnung immer wieder in Bedrängnis. Gegen die Bestrebungen der Bevölkerung versucht Kaiser Franz Joseph I. althergebrachte Allianzen neu zu festigen und schließt 1855 mit der katholischen Kirche ein Konkordat – ein Affront für alle liberal gesinnten Bürgerinnen und Bürger des Landes. Ehegesetzgebung und das gesamte Erziehungswesen werden in den Zuständigkeitsbereich der Kirche überführt und der staatliche Religionsfonds an die Kirchenfürsten übergeben. Die seit Kaiserin Maria Theresia und Kaiser Joseph II. bestehenden Versuche, Staat und Kirche voneinander zu trennen, werden damit rückgängig gemacht.

Außenpolitisch münden militärische Fehlentscheidungen in die Niederlagen von Solferino 1859 und Königgrätz 1866, die das Kaiserhaus, innenpolitisch letztendlich doch zum Einlenken zwingen: Kaiser Franz Joseph I. lässt eine erste Verfassung erarbeiten und gibt einigen privilegierten Gruppen das Wahlrecht.

Wahlrecht für Privilegierte

1867 tritt das Reichsgrundgesetz in Kraft – ein erster Erfolg der demokratischen Kräfte der österreichischen Monarchie. Mit dem Abgeordneten- und Herrenhaus wird ein Zwei-Kammern-System eingerichtet, das nach einem Kurien-Wahlrecht mit Delegierten beschickt wird. Vertreter des Hochadels, kirchliche Würdenträger und vom Kaiser auf Lebenszeit ernannte Mitglieder finden im Herrenhaus ihr Vertretungsgremium. Die Mitglieder im Abgeordnetenhaus werden aus den Landtagen entsandt, die sich aus vier Kurien zusammensetzen: Einer Kurie der Großgrundbesitzer, jeweils einer Kurie für Gewerbe und Handel sowie der Kurie der Städte, Märkte und Landgemeinden. Es sind die vermögenden Frauen, die hier erstmals ein Stimmrecht in der Kurie der Großgrundbesitzer, des Gewerbes und des Handels erhalten. Zwar können sie in allen Kronländern mitstimmen, die persönliche Stimmabgabe wird ihnen jedoch meist verweigert. Nur über männliche

Bevollmächtigte können sie ihrem politischen Willen Ausdruck verleihen.[55] Der Nachteil des mittelbaren Wahlrechts zeigt sich umgehend: Ob der mit der Stimmabgabe betraute Mann tatsächlich im Sinne der Frau abstimmt, ist nicht garantiert. Ähnlich ist die Situation für Frauen, die als alleinige Besitzerinnen ihrer Geschäfte in den Kurien des Handels und des Gewerbes über ein Wahlrecht verfügen. Auch sie können ihre Stimme nur über ihre jeweiligen männlichen Geschäftsführer abgeben.

In der Kurie der Städte, Märkte und Landgemeinden mit den meisten Wahlberechtigten wird nur in einigen Kronländern Frauen das Wahlrecht zuerkannt. Wien bleibt davon ausgeschlossen. Selbst gewählt werden zu können – passives Wahlrecht – ist
den Frauen in allen Kronländern untersagt. Eine weitere, wesentliche Benachteiligung der weiblichen Bevölkerung ist mit dem Vereinsverbot in die Gesetze eingeschrieben: Während im Artikel 12 des Staatsgrundgesetzes „Die österreichischen Staatsbürger das Recht (haben), sich zu versammeln und Vereine zu bilden“[56], wird im § 30 des Vereinsgesetzes von 1867 festgelegt, dass „Ausländer, Frauenspersonen und Minderjährige als Mitglieder politischer Vereine nicht aufgenommen werden (dürfen).“[57] Dieses Gesetz entfaltet in den folgenden Jahrzehnten seine umfassende, behindernde Wirkung. Vor allem Frauen ohne Vermögen, die vom Wahlrecht des Staatsgrundgesetzes völlig ausgeschlossen sind, ist damit die politische Selbstorganisation unmöglich.

55 Hier gibt es voneinander abweichende Regelungen in den verschiedenen Kronländern. Mehr hierzu siehe u. a. Martinek, Jutta: Materialien zur Wahlrechtsgeschichte der Großgrundbesitzerkurie in den österreichischen Landtagen seit 1861, Dissertation Universität Wien, 1977

56 Reichsgesetzblatt RGBl 1867/142

57 Reichsgesetzblatt RGBl 1867/134

Frauenvereine und Mädchenbildung

Noch bevor das politische Vereinsverbot für Frauen ins Leben gerufen wird, gründet eine Gruppe engagierter Frauen am 13. November 1866 den „Verein für volkswirtschaftlichen Fortschritt“ mit dem Ziel „den Witwen und Waisen nach den im Kriege Gefallenen zu Arbeit und Brot zu verhelfen“ und der „Ausbildung und Förderung der Erwerbsfähigkeit der Frauen und Mädchen.“[58] Auslöser für die Gründung des Vereins sind die Kriegshandlungen während des preußisch-österreichischen Krieges 1866 mit der Niederlage in Königgrätz. Hauptsächlich bürgerliche Frauen, aber auch Töchter und Ehefrauen von Handwerkern,

Gewerbetreibenden, Händlern und Beamten können nach dem Tod oder der Arbeitsunfähigkeit ihrer Väter und Ehemänner kaum ihren Lebensunterhalt finanzieren. Das sich in dieser Gesellschaftsschicht mehr und mehr durchsetzende „bürgerliche Liebesideal“ hatte keine Notwendigkeit für umfassende Mädchen- und Frauenbildung vorgesehen. Die Mädchen dieser Gesellschaftsschicht erhalten Grundkenntnisse in Lesen und Schreiben, Fremdsprachen- und Musikunterricht. Der in Privatstunden durch Hauslehrer und Gouvernanten vermittelte, eng begrenzte Lehrplan dient lediglich zur Überbrückung der Wartezeit auf den „richtigen Ehemann“, um dann, entsprechend des vorherrschenden Rollenmodells, dem eigentlichen „Beruf“ als Hausfrau und Mutter nachzugehen. Nicht allen Frauen ist jedoch eine Versorgungsehe gegönnt. Viele verlieren ihre Männer in den Kriegen, andere verarmen mit ihren Männern, wenn Wirtschaftskrisen die Einkommensbasis zerstören. Alleinstehenden bürgerlichen Frauen

58 Zunächst im Gebäude der Rahlgasse 4, 1060 Wien, untergebracht, findet der Verein seinen endgültigen Sitz 1910 am Wiedner Gürtel 68. Hier erinnern bis heute im Foyer des Wiedner Gymnasiums Gedenktafeln an die Gründerinnen.

stehen kaum Berufe offen. Berufstätigkeit gilt für die bürgerliche Frau als unsittlich.

Marianne Hainisch (1839–1936), Tochter eines Industriellen und Frauenrechtlerin, fasst die Situation der bürgerlichen Frauen dieser Zeit eindrücklich in Worte:

> „An einem schönen Sommertag kam eine junge Freundin zu mir, deren kranker Mann die Familie nicht mehr ernähren konnte. Sie wollte Brot schaffen und holte sich bei mir Rat. Aber obwohl wir uns beide von morgens bis abends den Kopf zermarterten, konnten wir für die Frau, die mehrere Sprachen sprach, keine Erwerbsmöglichkeiten ausfindig machen. Dies erschütterte mich. Denn unsere Arbeiterinnen konnten sich und ihre Kinder ernähren, wenn sie Witwen wurden.

Marianne Hainisch (1839-1936), bürgerliche Frauenrechtlerin und Vorkämpferin für höhere Mädchenbildung

> Warum konnten wir Bürgerliche nichts erwerben? (…) Nun wurde mir klar, dass bürgerliche Mädchen für den Erwerb vorbereitet werden müssten. Ich war tief ergriffen, und wurde an diesem Tage zur Frauenvorkämpferin.[59]

Von diesem Moment an setzt sich Marianne Hainisch unermüdlich bis an ihr Lebensende für höhere Mädchenbildung ein. 1870 hält sie ihren legendären Vortrag vor der 3. Generalversammlung des Wiener Frauen-Erwerb-Vereins und formuliert deutliche Ziele der Mädchenbildung:

> Wollen wir uns die Lehre der Geschichte zu Nutze machen, wollen wir unsere Mädchen zu Wesen bilden, die für sich selbst einen Zweck haben, so müssen wir sie zwei Dinge lehren:
> 1. dass sie weniger Gefallen als Achtung erringen wollen und
> 2. dass sie Praktisches, Tüchtiges lernen müssen, damit sie ihr Brot nicht von der Laune des Glücks erwarten dürfen, sondern es sich selbst schaffen können.[60]

Marianne Hainisch argumentiert an vielen Stellen im Sinne Rousseaus: Mädchenbildung soll mit dem Ziel der besseren Erfüllung der Hausfrauen-, Ehefrauen- und Mutterrollen ermöglicht werden. Dementsprechend distanziert sie sich zunächst vom Begriff der Emanzipation: „Ich gestehe, dass ich das Wort Emancipation stets ungerne für meine Sache angewendet sehe, da sich mit diesem Worte gewöhnlich Ideen verbinden, welche ich nicht hege (…)“.[61]

59 Aus: Persönlicher Nachlass Marianne Hainisch, Zit. in: Laessig, Hildegard: Marianne Hainisch und die österreichische Frauenbewegung, Dissertation. 1949: 13

60 Marianne Hainisch, Zur Frage des Frauenunterrichts, Vortrag vor der 3. Generalversammlung des Wiener Frauen-Erwerb-Vereins 1870, Zum Download unter: http://www.literature.at/viewer.alo?viewmode=overview&objid=1025&page=

61 Marianne Hainisch, Zur Frage des Frauenunterrichts, Vortrag vor der 3. Generalversammlung des Wiener Frauen-Erwerb-Vereins 1870: 8

Statt dessen preist sie die „tausend Seligkeiten des Mutterseins" [62] und engagiert sich nach dem Vorbild Anna Marie Jarvis (1864–1948)[63] aus den USA, für die Einführung des Muttertags in Österreich, um die Leistungen von Frauen im Haushalt und in der Kindererziehung sichtbar zu machen und aufzuwerten. Seit dem 4. Mai 1927 findet der Muttertag jährlich unter wechselnden ideologischen und ökonomischen Vorzeichen statt.

Allgemeiner Österreichischer Frauenverein

Einigen Vertreterinnen der Ersten Frauenbewegung ist Marianne Hainisch zu wenig radikal. Auguste Fickert (1855–1910) tritt hier als scharfe Kritikerin der bürgerlich-konservativen Frauen auf. Die engagierte Lehrerin und Kämpferin der ersten Stunde für das Frauenwahlrecht geht in ihren Analysen zur Stellung der Frau in der Gesellschaft völlig andere Wege als Marianne Hainisch. Sie liest die Schriften von August Bebel (1840–1913) und ist in der Folge davon überzeugt, dass die Gleichstellung der Frauen nur durch die Veränderung des wirtschaftlichen Systems verwirklicht werden kann.[64] Zudem stellt sie auch das bürgerliche Konzept von Ehe und Familie radikal in Frage. In ihrem persönlichen Privatleben verweigert sie sich selbst diesem Lebensmodell, indem sie eine Partnerschaft und zeitweilige Lebensgemeinschaft mit Ida Baumann (1845–1913)[65] ein-

62 ebd.

63 Anne Marie Jarvis führt in Erinnerung an ihre eigene Mutter Ann Maria Reeves Jarvis (1832–1905) am 12. Mai 1907 in Grafton (West Virginia, USA) den ersten Muttertag ein. Schon 1914 erklärt Präsident Wilson den Muttertag zum gesetzlichen amerikanischen Staatsfeiertag. Noch zu Lebzeiten kritisiert Anne Marie Jarvis die Kommerzialisierung der Idee und kämpft bis zuletzt gegen diese mit allen Mitteln.

64 1879 erstmals veröffentlicht in Zürich, Schweiz

65 Ebenfalls Lehrerin und Aktivistin im Allgemeinen Österreichischen Frauenverein

geht. Mit der Forderung nach einer grundlegenden Reform der Ehe- und Familiengesetzgebung kritisiert Auguste Fickert die Doppelmoral bürgerlicher Männer, die in Beziehungen außerhalb der Ehe Kinder zeugen, ohne diese anzuerkennen und zu versorgen. In logischer Konsequenz fordert sie die Gleichstellung von unehelichen mit ehelichen Kindern und würdige Arbeitsbedingungen für alle Frauen, auch für unverheiratete Alleinerzieherinnen. Als Lehrerin empört sie sich über die ungleiche Behandlung von Frauen im Schuldienst, die zu dieser Zeit 20 % weniger als ihre Kollegen verdienen, fordert eine Gehaltsangleichung und die Aufhebung des Zölibats – eine Regelung, die Lehrerinnen zwingt, nach ihrer Heirat ihre Erwerbstätigkeit aufzugeben. Als 1889 im Zuge der Einge-

Auguste Fickert (1855-1910), Vertreterin des radikalen Flügels des Frauenbewegung und Lehrerin

Versammlung des Allgemeinen Österreichischen Frauenvereins in Wien 1904

meindung der Vororte Wiens den steuerzahlenden Frauen in Niederösterreich zuerst das Landtagswahlrecht, dann das Gemeindewahlrecht wieder entzogen wird[66], ist sie erneut zutiefst empört und gründet mit anderen gleichgesinnten Frauen den „Allgemeinen Österreichischen Frauenverein".

Ziele des Vereins sind zunächst die „staatsbürgerliche Gleichstellung der Frauen" sowie die „Zulassung zu allen Bildungsstätten und Berufsmöglichkeiten für Frauen"[67]. Die organisatorischen

66 Mit der Durchsetzung des allgemeinen Männerwahlrechts verlieren 1907 alle Frauen ihr erstes Wahlrecht.

67 Statuten des Allgemeinen Österreichischen Frauenvereines. – ohne Jahresangabe, Österreichische Nationalbibliothek Ariadne-FIB 2

Möglichkeiten der Vereinsgründerinnen sind aufgrund des Vereinsverbots nach § 30 jedoch stark eingeschränkt. Privatpersonen ist es jedoch erlaubt, öffentliche Versammlungen – auch mit politischem Inhalt – einzuberufen. Auguste Fickert nützt diese Form der Agitation ausgiebig.

1899 gründet sie gemeinsam mit Rosa Mayreder (1858–1938) und Marie Lang (1859–1934) die Vereinszeitschrift „Die Dokumente der Frau", in der moderne Sichtweisen der aufkommenden Psychoanalyse diskutiert, herkömmliche Geschlechtervorstellungen in Frage gestellt und Aktivitäten der Frauenbewegung im In- und Ausland kommentiert werden. Rosa Mayreder, die als Theo-

retikerin der Ersten Frauenbewegung eine herausragende Rolle einnimmt, publiziert hier regelmäßig ihre fortschrittlichen Vorstellungen. Mit ihren Werken „Zur Kritik der Weiblichkeit"[68] und „Geschlecht und Kultur"[69] nimmt Rosa Mayreder Überlegungen zu Konstruktion von Geschlecht vorweg, wenn sie schreibt:

> Das Weib als Abstraktion, als Objekt des Denkens existiert nur im Kopfe des denkenden Subjektes und ist so abhängig von diesem, wie es in der Natur des Denkens liegt (…) Gegen das Weib als Idol müssen (die Frauen) kämpfen, wenn sie als reale Personen ihr Recht in der Welt erobern wollen. Das bedeutet, aus der Passivität hervorzutreten und das Schweigen über sich zu brechen, selbst auf die Gefahr hin, dass fürs erste wenig Erbauliches dabei herauskommt.[70]

68 Mayreder, Rosa: Zur Kritik der Weiblichkeit. Essays. Diederichs Verlag, Jena, 1905

69 Mayreder, Rosa: Geschlecht und Kultur. Essays. Diederichs Verlag, Jena, 1923

70 Mayreder, Rosa: Zur Kritik der Weiblichkeit, Essays, Verlag Mandelbaum, Wien, 1998 (Neuauflage): 226–227

Mit dem Satz „Man wird erst wissen, was die Frauen sind, wenn ihnen nicht mehr vorgeschrieben wird, was sie sein sollen“[71], kritisiert Rosa Mayreder die abwertenden Zuschreibungen an Frauen und formuliert erstmals den Gedanken, dass Geschlechterrollen erlernt und nicht angeboren sind. Mit ihren Essays nimmt Rosa Mayreder Überlegungen von Simone de Beauvoir vorweg, die ihrerseits 1949 schreibt: „Wir werden nicht als Frauen geboren, wir werden es.“[72] Im Gegensatz zu Simone de Beauvoir, deren Werke bis heute rezipiert und diskutiert werden, gerät Rosa Mayreder, wie so viele Vordenkerinnen der Frauenemanzipation, in Vergessenheit.[73] Zu ihrer Zeit ist sie eine der prägendsten Intellektuellen der Ersten Frauenbewegung.

Die sozialdemokratische Frauenbewegung

Auch die Frauen der 1889 gegründeten Sozialdemokratischen Arbeiterpartei Österreichs setzen sich für Bildung und Gleichberechtigung ein. Sie sind ein weiterer Flügel der vielstimmigen Frauenbewegung, sehen sich jedoch zahlreichen Schwierigkeiten in der Auseinandersetzung mit ihren männlichen Parteigenossen gegenüber. Zwar wird im Zuge der Parteigründung eine „Prinzipienerklärung“ verabschiedet, in der unter anderem Folgendes festgehalten wird:

„Die sozialdemokratische Arbeiterpartei in Österreich erstrebt für das gesamte Volk ohne Unterschied der Nation, der Rasse und des Geschlechtes die Beseitigung der ökonomischen Abhängigkeit,

71 ebd. 1998: 175

72 Im Original: „On ne naît pas femme, on le devient.“ Dt. Übersetzung in: De Beauvoir, Simone: Das andere Geschlecht. Rowohlt Verlag, Reinbek bei Hamburg, 2008: 334

73 2018 werden ihre Schlüsselwerke neu aufgelegt. Rosa Mayreder, Zur Kritik der Weiblichkeit, Essays herausgegeben von Eva Geber, Mandelbaum Verlag, Wien, 2018

die Befreiung der politischen Rechtlosigkeit und die Erhebung aus der geistigen Verkümmerung.“[74] Der hohe Anspruch „ohne Unterschied des Geschlechts“ kann jedoch von den Genossen lange nicht eingehalten werden. So werden Frauen zum Gründungsparteitag gar nicht erst zugelassen, obwohl Anna Altmann (1852–1937) von ihren Genossen als Delegierte gewählt worden war. Ihr wird mitgeteilt, Frauen seien noch nicht so weit, um an derartigen Versammlungen teilnehmen zu können. Tatsächlich sind die sozialdemokratischen Männer noch nicht so weit, Frauen in ihrer Runde aufzunehmen. Sozialdemokratisch gesinnte Arbeiterinnen sehen sich neben der Ausgrenzung aus den Parteigremien zahlreichen weiteren Benachteiligungen ausgesetzt. Nicht nur, dass sie in den ausbeuterischen Arbeitsverhältnissen durch die Industrialisierung ohne Arbeitszeitregelungen, Versicherungs-, Kündigungs- und Mutterschutz für ihre Arbeit schlechter bezahlt werden, diffamieren ihre männlichen Kollegen sie auch noch als Lohndrückerinnen und Billigkonkurrenz am Arbeitsmarkt. Die Parteigründer erkennen die politische Kraft der Frauen erst spät und sind auch dann noch nicht bereit, das Versprechen der „Beseitigung der ökonomischen Abhängigkeit und Befreiung aus politischer Rechtlosigkeit ohne Unterschied des Geschlechts“[75] einzulösen.

Frauenstreik

Mit dem ersten von Sozialdemokratinnen organisierten Textilarbeiterinnen-Streik in Wien-Mariahilf 1893 werden die Genossen auf die Frauen aufmerksam. Unter der Führung von Amalie Ryba (später verh. Seidel), einer jungen Arbeiterin, streiken insgesamt 700

74 Zit. nach: Webseite Das rote Wien. Lexikon der Wiener Sozialdemokratie: http://www.dasrotewien.at/seite/hainfelder-parteitag

75 Zit. nach: Webseite Das rote Wien. Lexikon der Wiener Sozialdemokratie: http://www.dasrotewien.at/seite/hainfelder-parteitag

Textilarbeiterinnen für bessere Arbeitsbedingungen, Arbeitszeitverkürzung und höheren Lohn. Nach anfänglicher Weigerung des Besitzers der Appreturfabrik Heller & Sohn gewinnen die Frauen ihren Arbeitskampf: Sämtliche Forderungen werden erfüllt, inklusive der Wiedereinstellung von Amalie Ryba, die als „Anstifterin" gekündigt worden war. Auch wenn Viktor Adler auf einer der Streikversammlungen ermutigende Reden hält, unterstützt er die Forderungen der Frauen innerparteilich nur teilweise. Auf dem Linzer Parteitag von 1898 wird den Genossinnen erneut politische Handlungsfähigkeit abgesprochen, sodass die Frauen wenig später, im Jahr 1902, mit dem „Verein sozialdemokratischer Frauen und Mädchen" den Grundstock einer eigenen Organisationsstruktur legen und immer vehementer Zugang zu Bildung, gemeinsam mit dem Frauenwahlrecht, fordern. Obwohl diese Forderung bereits am Brünner Parteitag 1891 im Parteiprogramm festgeschrieben wurde, zögern die Genossen mit ihrer Unterstützung. Stattdessen ruft Viktor Adler die Frauen auf, aus taktischen Gründen auf ihre Forderung nach der völligen Gleichstellung als wählende Bürgerinnen zu verzichten: „… es fragt sich, ob die politische Lage reif ist, um einen Feldzug für das Frauenwahlrecht zu unternehmen (…) Von diesem Standpunkt der politischen Taktik muss ich sagen: Wir müssen bei jeder Gelegenheit erklären, dass wir für das Frauenwahlrecht sind, dass wir auch den ersten Schritt auf diesem Gebiete machen wollen, aber dass der letzte Schritt erst gemacht werden kann, wenn der erste Schritt gemacht ist und der ist: Die Erkämpfung des Wahlrechts für die Männer."[76]

76 Adler, Viktor: Rede auf der 2. Konferenz der sozialdemokratischen Frauen Österreichs, abgehalten zu Wien am 8. November 1903, Bericht, Verlag Brand 1903, Online unter ÖNB Ariadne, Frauenzentralkomitee der SDAPÖ, 26–27

Die sozialdemokratischen Frauen folgen dem Wunsch der Parteimänner. Eine Entscheidung, die heftig von Genossinnen der Sozialistischen Internationale, allen voran Clara Zetkin aus Deutschland, kritisiert wird. Auch Auguste Fickert, die der sozialdemokratischen, proletarischen Frauenbewegung grundsätzlich nahe steht, schließt sich der Kritik an und folgert aus diesen Ereignissen, dass keine politische Partei dazu imstande sei, den Frauen zu ihrem „Recht auf Selbstbestimmung“[77] zu verhelfen. „Die sittliche Neugestaltung der Welt“[78] könne ihrer Meinung nach nur durch die Frauenbewegung realisiert werden. Auguste Fickert schlägt daher die Abhaltung eines Frauenkampftages vor. Bereits 1892 hatte sie ein Komitee für einen Frauentag ins Leben gerufen, um der Forderung nach Gleichberechtigung und Wahlrecht Nachdruck zu verleihen. Für die Umsetzung ihrer Idee erhält sie jedoch weder von den sozialdemokratischen, noch von den bürgerlichen Frauen ausreichend Unterstützung. Die eingeladenen Referentinnen des ersten geplanten Frauentages sagen ihre Teilnahme mit dem Hinweis darauf ab, dass ihnen „die Ziele des Frauentages zu weit gehend seien“ und „die Sache eine zu radicale Färbung angenommen habe“[79].

77 Frauenleben, 9.Jg. 1898, Nr.10, S.1, Prag. Online abrufbar unter: http://www.literature.at/viewer.alo?objid=13364&page=1&viewmode=fullscreen&rotate=&scale=2.5

78 ebd.

79 Zit. in: Niederkofler, Heidi; Mesner, Maria; Zechner, Johanna (Hg.innen): Frauentag! Erfindung und Karriere einer Tradition, Löcker Verlag, Wien, 2011: 21; Original: Der österreichische Frauentag – verschoben in: Allgemeine Frauen-Zeitung 1892/8: 58–59

Frauendemonstration 1911

Erst 20 Jahre später erkennen die Arbeiterinnen die Notwendigkeit eines Kampftages und organisieren eine große Frauendemonstration[80]: Am ersten Internationalen Frauentag des 19. März 1911 ziehen schließlich, über alle Partei- und inhaltlichen Differenzen hinweg, 20.000 Frauen[81] mit ihren zentralen Forderungen über die Ringstraße: „Heraus mit dem Frauenwahlrecht!", „Gleicher Lohn für gleiche Arbeit" und „Abschaffung § 144"[82]. In zahlreichen Tageszeitungen der österreichisch-ungarischen Monarchie wird über den beeindruckenden Aufmarsch berichtet:

„Die Frauen kommen! Man sagte nicht: Die Demonstration kommt!, nicht ‚Der Zug ist da!' Nein, man raunte sich nur zu: ‚Die Frauen kommen! Die Frauen!' (…) Es sind Tausende, Tausende Frauen und Mädchen (…)"[83], schreibt begeistert die Arbeiterzeitung.

Trotz des enormen Erfolgs ihrer ersten großen Frauendemonstration müssen die Frauen noch weitere sieben Jahre auf die Durchsetzung des Wahlrechts warten. Sie halten erneut öffentliche Reden in Umgehung des Vereinsverbots, schreiben Petitionen an Abgeordnete des Reichsrates, veröffentlichen ihre Forderungen in

80 Bis heute ist die genaue Urheberinnenschaft ungeklärt. Fest steht jedoch, dass den Sozialdemokratinnen die Durchsetzung und Aufrechterhaltung des Frauentages gelungen ist. Vgl. hierzu die Publikation: Niederkofler, Mesner, Zechner 2011

81 Bis heute ist nicht wieder gelungen, so viele Frauen für ihre Rechte auf die Straße zu bringen. 2011, hundert Jahre nach dieser historischen Demonstration sind es lediglich 10.000 Frauen, die dem Aufruf der Plattform 20.000 Frauen folgen. http://zwanzigtausendfrauen.at/

82 § 144 stellt seit Kaiserin Maria Theresia Schwangerschaftsabbruch unter schwere Kerkerstrafe und ist für schwere (Selbst-)Verletzungen von Frauen sowie eine hohe Müttersterblichkeit verantwortlich.

83 Arbeiterzeitung, Nr. 79, 20. März 1911: 5

Erster Internationaler Frauentag 1911, Demonstration auf der Wiener Ringstraße

eigenen Zeitschriften und organisieren Konferenzen. Sie wagen den Streit mit Männern aller politischen Ausrichtungen und Klassenzugehörigkeiten und scheuen auch nicht die (selbst-)kritische Auseinandersetzung untereinander. Immer wieder schmieden die Frauen der verschiedenen politischen Gruppierungen Allianzen und veröffentlichen ihre eigenen Vorstellungen von Geschlechterverhältnis, Demokratie und Freiheit.

Der jahrzehntelange Einsatz für die Gleichberechtigung der Frauen ist schließlich mit der Ausrufung der Ersten Republik von Erfolg gekrönt. Zuvor jedoch durchleben sie die Katastrophe des Ersten Weltkrieges mit allen damit verbundenen Entbehrungen und Leiden.

Frauen-Friedensbewegung

Schon lange vor dem Ausbruch des Ersten Weltkrieges ist vielen die Kriegsgefahr, angefacht von Imperialismus und Nationalitätenkonflikten, Aufrüstung und Kriegstreiberei, bewusst. Bereits 1898 findet auf Initiative des russischen Zaren Nikolaus II. eine internationale Friedenskonferenz mit dem Ziel der Abrüstung und der Entwicklung einer friedlichen Regelung von Konflikten in Den Haag statt. An der zweiten Konferenz 1907 nehmen bereits Vertreter von 44 Staaten teil. Auf eine umfassende Abrüstungsstrategie können sich die Delegierten jedoch nicht einigen. Immerhin gelingt die Einrichtung des Schiedsgerichtshofes in Den Haag.[84]

Die Vertreterinnen der österreichischen Frauenbewegung begrüßen und unterstützen diese Konferenzen. Auguste Fickert sendet solidarische Worte, Bertha von Suttner (1843–1914), prominenteste Vertreterin der Friedensbewegung Österreichs, hält unermüdlich Vorträge und versucht möglichst viele Menschen von der Friedensidee zu überzeugen. Auch Rosa Mayreder widmet sich in ihren Schriften dem Thema und meint: „(…) die allgemeine Wehrpflicht (…) ist die schlimmste Sklaverei, mit der je der freie Mann beladen wurde."[85] Sie spricht in diesem Zusammenhang von der friedfertigen „Natur der Frau". Bertha von Suttner vertritt hierzu einen realistischeren Standpunkt: „Begeisterung für Kriegstaten und Kriegshelden findet man bei Frauen so gut wie bei Männern."[86]

Weder Bertha von Suttner, noch der Allgemeine Österreichische Frauenverein Auguste Fickerts oder die zahlreichen Artikel der Sozialdemokratinnen in der Arbeiterinnen-Zeitung können den Kriegsausbruch verhindern. Nach der Ermordung des österreichi-

84 Vorläufer des heutigen Internationalen Gerichtshofes

85 Mayreder, Rosa 1905 / 1998: 104

86 Zit. in: Hamann, Brigitte: Bertha von Suttner. Ein Leben für den Frieden. Piper Verlag, München, 1986: 448f

Bertha von Suttner (1843–1914), Vorkämpferin der Friedensbewegung und erste Frau, die 1905 mit dem Friedensnobelpreis ausgezeichnet wird

schen Thronfolgers Franz Ferdinand I. (1863–1914) und dessen Frau Sophie Chotek (1868–1914) durch den jungen Serben Gavrilo Princip (1894–1918) in Sarajewo am 28. Juli 1914 erklärt Österreich-Ungarn Serbien den Krieg. Erstmals ziehen Millionen Männer weltweit gegeneinander in einen blutigen Kampf. Die Frauen versuchen, die abwesenden Männer zu ersetzen. Sie bearbeiten die Felder so gut es geht, versuchen den Alltag mit ihren Kindern in zunehmender Armut und Not zu bewältigen und versorgen schwerverletzte, verstümmelte Soldaten als Krankenpflegerinnen an der Front – nicht ohne selbst dabei traumatisiert zu werden. Mit anhaltendem Krieg und dem damit verbundenen Leid beginnt die Frauenbewegung Demonstrationen für den Frieden, gegen Teuerung der Lebensmittel und die immer größer werdende Not zu organisieren. Trotz gemeinsamer Anliegen zeigen sich auch hier die politischen Unterschiede in den Frauenorganisationen.

Marianne Hainisch ruft gemeinsam mit der Katholischen Reichsfrauenorganisation[87] die Frauen zur Unterstützung an der „Heimatfront“ auf:

> Wir sind tief erschüttert und beklagen den Krieg, er trifft uns furchtbar, aber dennoch können wir dagegen nichts tun. Es wäre Verrat an dem Vaterlande und an unseren Männern, die es verteidigen, wenn wir jetzt für den Frieden eintreten würden.[88]

Im Gegensatz dazu leistet der Allgemeine Österreichische Frauenverein „symbolischen Widerstand gegen die aktive Beteiligung an der Kriegswirtschaft“[89], indem er der mehrheitlich von bürgerlichen, katholischen und christlich-sozialen Organisationen getragenen „Frauen-Hilfsaktion im Krieg“ fernbleibt.

Lida Gustava Heymann und Anita Augspurg, Frauenrechtlerinnen aus Deutschland, bringen die Gründe für diese Weigerung, an der Heimatfront mitzuwirken, anschaulich zum Ausdruck:

> Wir zermarterten unser Hirn, was zu tun wäre? Es mußte sofort gehandelt werden. Zwei Dinge waren uns klar. Erstens: Hilfe konnte nur von Frauen kommen. Zweitens: wir würden keine Arbeit für direkte Kriegszwecke leisten, wie Hospitaldienst, Verwundetenpflege. Halbtot geschundene Menschen wieder lebendig und gesund machen, um sie abermals

87 Mehr dazu siehe: Österreichische Nationalbibliothek, Portal Ariadne, Frauen in Bewegung 1848–1938: http://www.fraueninbewegung.onb.ac.at/Pages/OrganisationenDetail.aspx?p_iOrganisationID=8674936

88 Der Bund, 9. Jg., Nr. 8, 1914: 11

89 Lackner, Daniela: Die Frauenfriedensbewegung in Österreich zwischen 1899 und 1915, Dipl. Arbeit, Wien 2008: 196

> den gleichen oder noch schlimmeren Qualen auszusetzen? Nein, für solchen Wahnsinn würden wir uns nicht hergeben.[90]

Schließlich fordern auch jene Frauen, die anfangs begeistert ihren „Dienst an der Heimatfront" leisteten, immer lauter Friedensverhandlungen und ein Ende des Krieges.

90 Heymann, Gustava; Augspurg, Anita: Erlebtes und Erschautes: deutsche Frauen kämpfen für Freiheit, Recht und Frieden 1850–1940; Neuauflage Twellmann, Margrit (Hg.in), Helmer Verlag, Frankfurt am Main, 1992: 262

Endlich wählen!

1918 endet der Erste Weltkrieg in Österreich mit dem Zerfall der Monarchie. Der letzte Kaiser, Karl I. (1887–1922), verlässt mit seiner Familie Wien in Richtung Madeira, Portugal, und geht ins Exil. Die Abgeordneten der deutschsprachigen Reichsratswahlbezirke bilden umgehend eine provisorische Nationalversammlung. Schon in ihrer zweiten Sitzung fassen sie einen „Staatsgründungsbeschluss". Zu diesem Zeitpunkt liegt den Abgeordneten bereits eine Petition verschiedener Frauenvereine vor, in der die volle

Stimmabgabe in einem Wiener Wahllokal auf der Wieden 1919

Klosterschwestern bei der Stimmabgabe 1919

Gleichberechtigung von Frauen als Staatsbürgerinnen gefordert wird. Nachdem die Provisorische Nationalversammlung bereits am 30. Oktober 1918 das Vereinsverbot für Frauen aufgehoben hatte[91], steigt die Hoffnung auf die Erringung des Frauenwahlrechts. Karl Renner (1870–1950), zu diesem Zeitpunkt sozialdemokratischer Leiter der Staatskanzlei, ist im Wesentlichen für die Durchsetzung verantwortlich. In seiner Rede vor sozialdemokratischen Frauen anlässlich des Internationalen Frauentages 1929, erinnert er sich an die Geburtsstunde des Frauenwahlrechts:

> Nicht so selbstverständlich war die Einführung des gleichen Stimmrechtes der Frauen. Hatten doch in Parteikreisen selbst viele Genossen das ernste Bedenken, dass die Frauen zu sehr unter dem Einfluss überlieferter Denkweise und insbesondere des Klerus stünden und der Erfolg der Revolution durch

91 Zeile 3 des Beschlusses der Prov. Nationalversammlung vom 30. Oktober 1918, StGBl. Nr. 3

> ihre Teilnahme am politischen Leben in Frage gestellt werden könnte. Wir (…) aber entschlossen uns, (…) unserer Haltung treu zu bleiben und sie in dem Augenblick, wo wir zum ersten Mal gestaltend eingreifen konnten, auch in die Tat umzusetzen (…) Wir übten dabei die Klugheit von der Sache wenig Aufhebens zu machen und sie als Selbstverständlichkeit (…) hinzustellen.[92]

Am 12. November 1918 wird schließlich das Gesetz über die Staats- und Regierungsform der Ersten Republik verabschiedet, in dessen Artikel 9 die Grundsätze des Wahlrechts für die Konstituierende Nationalversammlung festgelegt sind: Die Wahlordnung solle „(…) auf dem allgemeinen, gleichen, direkten und geheimen Stimmrecht aller Staatsbürger ohne Unterschied des Geschlechts"[93] beruhen. Ohne wesentlichen Widerstand wird diese Formulierung akzeptiert. Die Vertreter der Christlichsozialen Partei (CSP) stimmen als erste Partei dem Vorschlag zu, wollen jedoch eine Wahlpflicht für Frauen einführen. Sie fürchten, ihre Wählerinnen nicht in der Form zur Stimmabgabe bewegen zu können, wie dies den gut organisierten Sozialdemokraten möglich scheint. Die Frauenwahlpflicht wird nicht eingeführt. Die Sorge, Frauen würden sich nicht für die Stimmabgabe mobilisieren lassen, erweist sich als unbegründet: Mit 82,10 % liegt die Wahlbeteiligung der Frauen bei der ersten Wahl 1919 knapp unter jener der Männer mit 86,97 %.[94] Vielmehr werden die Bedenken der Sozialdemokratie Realität: Ein besonders hoher Anteil der Wählerinnen gibt ihre Stimme den bürgerlichen Parteien, allen voran der Christlichsozialen Partei (CSP).

92 Zit. in: Klucsarits, Richard; Kürbisch, Friedrich G. (Hg.): Arbeiterinnen kämpfen um ihr Recht, Peter Hammer Verlag, Wuppertal, 1981: 308

93 ebd. und Hervorhebung Petra Unger

94 Statistisches Handbuch für die Republik Österreich 1, 1920: 2

Die ersten weiblichen Abgeordneten im Nationalrat 1919, v.l. Adelheid Popp, Therese Schlesinger, Anna Boschek, Emmy Freundlich, Maria Tusch, Amalie Seidel

Eine Gruppe von Frauen bleibt bei dieser historischen Wahl dennoch vom Stimmrecht ausgeschlossen: Die „unter sittenpolizeilicher Überwachung stehenden" Sexarbeiterinnen. Die Idee einer „guten Bürgerin", der politische Rechte zugebilligt werden, ist eng mit den Moralvorstellungen der Republiksgründer verbunden. Sexarbeit gilt als „weibliches Sexualdelikt"[95] und schließt diese Frauen von bürgerlichen Rechten aus – wenn auch nur vorübergehend.[96] Der Rechtswissenschafter Hans Kelsen (1881–1973),

95 Greif, Elisabeth: Sexual Citizenship. Zum Zusammenhang von Sexualsubjektivität, sexueller Devianz und Bürger*innenrechten. In: Lembke, Ulrike (Hg.in): Regulierungen des Intimen. Sexualität und Recht im modernen Staat, Springer Verlag, Wiesbaden, 2017: 161 ff

96 Festgehalten ist der Ausschluss unter § 13 lit. b und g Gesetz vom 18. Dezember 1918, StGBI 1918/115

Hildegard Burjan mit Parteikollegen des Parlamentsklubs der Christlichsozialen Partei

maßgeblich verantwortlich für die Formulierungen der Österreichischen Bundesverfassung des Jahres 1920, beseitigt die Diskriminierung dieser Berufsgruppe und hält fest, dass die Aberkennung des aktiven oder passiven Wahlrechts nur mehr als Folge einer gerichtlichen Verurteilung oder Verfügung möglich ist.[97] Mit der ersten formalen Nationalratswahl der österreichischen Geschichte 1920 sind schließlich alle Frauen wahlberechtigt.

Gruppenbild mit Dame(n) – Die ersten Frauen im Parlament

Nach den zahlreichen Erfolgen der Ersten Frauenbewegung – schon vor der Ausrufung der Ersten Republik – mit der Zulassung von Mädchen zu höherer Schulbildung, der Öffnung der Univer-

97 Artikel 26 Absatz 5 in: Kelsen et al, 1922: 95

sitäten für weibliche Studierende[98] und dem Zugang für Frauen zu fast allen Berufen, stellt der Einzug der ersten weiblichen Abgeordneten in den Nationalrat am 4. März 1919 den bedeutendsten Höhepunkt der Bemühungen der Frauenbewegung dar.

Sieben Sozialdemokratinnen – Anna Boschek, Emmy Freundlich, Adelheid Popp, Gabriele Proft, Therese Schlesinger, Amalie Seidel, Maria Tusch – und eine christlichsoziale Abgeordnete, HildegardBurjan, vertreten engagiert die Interessen der weiblichen Bevölkerung des noch jungen Staates. Die Mehrzahl der ersten Frauen im Nationalrat ist schon seit einigen Jahren politisch aktiv. Fünf der acht weiblichen Abgeordneten stammen aus ärmlichen

Verhältnissen. Sie sind ehemalige Arbeiterinnen und Hausgehilfinnen. Ihre Lebenserfahrungen, geprägt von Ausbeutung und Rechtlosigkeit, hatten sie politisiert. Hildegard Burjan (1883–1933) ist die einzige Abgeordnete mit akademischer Bildung.

Die erste Rede einer Frau im Nationalrat hält Adelheid Popp (1869–1939) zur Abschaffung von Adelsprivilegien. Sie betont die Gleichheit aller Bürgerinnen und Bürger im Staat: „(...) dass wir hier alle von dem Gefühl durchdrungen sind: (...) in der Republik kann es (...) nur Menschen geben, die gleichen Rechts, gleichen Titels und gleichen Ranges sind (...).“[99]

Mit Adelheid Popp geht die erste Berufspolitikerin in die österreichische Geschichte ein. Sie ist begnadete Rednerin, unermüdliche Vorkämpferin für die Demokratisierung der Gesellschaft im Allgemeinen und die Gleichstellung der Geschlechter im Besonderen. Gemeinsam mit Gabriele Proft (1879–1971) bringt sie

98 Nach 532 Jahren Ausschluss: Die Wiener Universität wird 1365 gegründet und öffnet mit der Philosophischen Fakultät 1897 erstmals ihre Tore für Frauen.

99 Stenographisches Protokoll der 8. Sitzung der konstituierenden Nationalversammlung für Deutschösterreich, 1925: 189–191

Adelheid Popp (1869-1939), Arbeiterin und Sozialdemokratin, hält die erste Rede als Frau im Nationalrat

regelmäßig Anträge zur Gleichstellung von Mann und Frau ein. Vor allem das geltende Familien- und Eherecht soll grundlegend reformiert werden. Die Festschreibung des Mannes als „Haupt der Familie" mit alleiniger Obsorge über die gemeinsamen Kinder soll zuallererst aufgehoben werden. Obwohl Mütter die Hauptlast der Versorgung ihrer Kinder und deren Erziehung tragen, können sie weder über Schulbesuch, Erziehungsmethoden, noch sonstige, die Kinder betreffenden Angelegenheiten unabhängig von ihrem Ehemann entscheiden. So ist ein erstes Ziel der Politikerinnen, Müttern zumindest gleiche Obsorgerechte zu garantieren. Trotz zahlreicher intensiver Bemühungen der abgeordneten Frauen, auch über Parteigrenzen hinweg, gelingt keine der angestrebten, grundlegenden Änderungen.

Olga Rudel-Zeynek (1871-1948), Erste Präsidentin des österreichischen Bundesrats

„Lex Rudel-Zeynek"

Für unehelich geborene Kinder und deren Mütter gelingt schließlich doch eine erste Verbesserung ihrer (rechtlichen) Situation. Sie sind nahezu vollkommen rechtlos und zahlreichen Schikanen ausgesetzt. Anstelle der leiblichen Väter übernimmt hier „Vater Staat" alle Erziehungsrechte. Ledige Mütter müssen die Obsorge nach der Geburt für ihre Kinder eigens beantragen. Wenn sie in zu ärmlichen Verhältnissen leben, wird ihnen diese häufig verweigert und sie sind ständigen Kontrollen, Zurechtweisungen bis hin zu Kindesabnahmen durch die Behörden ausgesetzt. Die Stigmatisierung unehelicher Kinder und ihrer Mütter führt vor allem im ländlichen Bereich zu Ausgrenzung und oft zu brutaler Ausbeutung ihrer Arbeitskraft. Die Nicht-Anerkennung unehelicher Kinder durch die Väter und deren damit verbundene Weigerung, Unterhalt zu zahlen, sind ebenfalls vieldiskutierte Themen. Mit der sogenannten „Lex Rudel-Zeynek" wird eine erste Verbesserung der Situation dieser Frauen mit ihren Kindern erzielt.

Olga Rudel-Zeynek (1871–1948) ist ab 1920 christlichsoziale Abgeordnete im Nationalrat. Ab 1927 wird sie zur Vorsitzenden des Bundesrates und ist damit die erste Frau in einer derartigen Position weltweit. Ihre politischen Bemühungen gelten vor allem der Verbesserung der Lebenssituation von Frauen und Kindern. Immer wieder arbeitet sie über Parteigrenzen hinweg mit den sozialdemokratischen Frauen. So gelingt 1925 schließlich die Verabschiedung eines Gesetzes zur Regelung des Unterhaltanspruchs unehelicher Kinder. Sie hatte es gemeinsam mit Anna Boschek (1874–1957) und Amalie Seidel (1876–1952) verhandelt. Olga Rudel-Zeynek unterstützt weitere Anträge von Frauen aus der gegnerischen Partei, u. a. zur rechtlichen Verbesserung der Arbeitssituation von Hausgehilfinnen, deren Lebens- und Arbeitssituation besonders katastrophal und prekär ist. Neben Olga Rudel-Zeynek kooperiert auch Hildegard Burjan mit den Sozialdemokratinnen, die sich hauptsächlich für Arbeitsschutzgesetze für Frauen einsetzen.

Das Hausgehilfinnengesetz 1920

Hildegard Burjan ist eigentlich leidenschaftliche Gegnerin der Sozialdemokratie: „Schon der Gedanke, dass unsere katholischen Frauen und Mädchen sozialdemokratisch organisiert werden, dass das Gift der sozialdemokratischen Weltanschauung in die innerste Familie dringt, darf uns nicht ruhen lassen (…)."[100]

Tief gläubig wendet sie sich zunächst vehement gegen jede Vorstellung von demokratischer Gleichberechtigung zwischen Frauen und Männern. Berufstätigkeit und das Frauenwahlrecht

100 Österreichische Frauenwelt, 1913, Zit. in: Schödl 2008: 45

Hildegard Burjan (1883-1933), erste christlich-soziale Nationalratsabgeordnete und Gründerin der Caritas Socialis

bezeichnet sie als Bürde und Pflicht, die, ihrer Meinung nach, die meisten Frauen ohnehin nicht übernehmen wollen. Sie selbst scheut diese „Bürde der Politik" jedoch nicht – im Gegenteil:

> Religiöse Vereinigung allein genügt heute nicht (…) wir müssen eine geschlossene Macht darstellen, wenn wir nicht zusehen wollen, wie über unsere Köpfe hinweg regiert und zerstört wird (…) Volles Interesse für die Politik gehört zum praktischen Christentum.[101]

101 Zit. in: Schödl 2008: 90

Ihr eigenes praktisches Christentum übt sie auf Basis ihrer sozialethischen Grundeinstellungen aus. So setzt sie sich bald, betroffen von der dramatischen Situation vieler Dienstbotinnen, für Verbesserungen der Arbeitsbedingungen dieser Berufsgruppe und die Abschaffung der alten Dienstbotenordnung ein. Diese sieht eine nahezu 24-Stunden-Verfügbarkeit des mehrheitlich weiblichen Hauspersonals und absoluten Gehorsam vor. Mittels Züchtigungsrecht werden Dienstmädchen in sklavenähnlichen Zuständen gehalten. Auch bei kleineren Vergehen erhalten sie Schläge, gesetzlich erlaubt sind „höchstens 15 (Ruten-)Streiche."[102] Hausgehilfinnen erleben neben Prügelstrafen zahlreiche andere Demütigungen durch ihre Vorgesetzten. Während die „Hausdamen" ihre Angestellten durch Herabwürdigung und Willkür demütigen, ist sexuelle Belästigung bis hin zu Vergewaltigung durch die „Hausherren" an der Tagesordnung. Grundrechte, wie Arbeitszeitbeschränkungen, gesetzlich garantierte Ruhezeiten, freie Wochenenden oder gar Urlaubszeiten, sind für Hausangestellte nahezu unvorstellbare Utopie. Die meisten Dienstmädchen sind auf improvisierten Klappbetten, in Nischen hinter Vorhängen, in fensterlosen Räumen oder dem Badezimmer untergebracht. Nur wenige verfügen über einen eigenen Raum. Im Falle einer Schwangerschaft werden die Frauen häufig gekündigt und finden sich ohne Arbeit und Wohnung auf der Straße wieder. Die Möglichkeit, sich politisch in einer Gewerkschaft zu organisieren, zieht kaum eine Frau in dieser Situation in Betracht, ist sie doch meist sehr jung, von anderen Dienstmädchen isoliert und mitunter gläubig, sodass sie ihre Situation als gottgegebenes Schicksal interpretiert.

102 Zit. in: Berger, Franz Severin; Holler, Christiane: Von der Waschfrau zum Fräulein vom Amt, Frauenarbeit durch drei Jahrhunderte, Ueberreuter Verlag, Wien, 1997: 69

Obwohl Hildegard Burjan zutiefst empört über die Behandlung der Hausangestellten ist, bleibt sie dennoch davon überzeugt, dass der Beruf der Hausgehilfin „die beste Vorbereitung für die späteren Aufgaben als Frau und Mutter“ sei, besonders viel „sittlichen Schutz“ biete und „unverhältnismäßig gesünder (sei) als andere, weil er Abwechslung biete und die Frauen beim Einkaufen viel an der Luft seien.“[103]

Während der Debatten im Nationalrat appelliert sie mit den Worten „Charity begins at home“ (Wohltätigkeit beginnt zu Hause) an die Dienstgeberinnen und Dienstgeber und versucht, die Einführung von Strafen für Hausdamen und –herren bei Missachtung des Schutzgesetzes zu verhindern. Selbst auf ihre Hausgehilfinnen angewiesen, um ihren politischen und sozialen Tätigkeiten nachgehen zu können, vertritt sie damit die Position der Dienstgeberin. Adelheid Popp und Anna Boschek bestehen auf die Rechte der Arbeiterinnen: Wer seine Dienstbotinnen misshandelt und die Gesetze nicht einhält, soll empfindliche Strafen erhalten.

1920 tritt schließlich das kontrovers verhandelte HausgehilfinnenGesetz in Kraft und wird als erstes Arbeitsschutzgesetz Vorbild für alle folgenden Schutzgesetze. Während Hildegard Burjan Zugeständnisse bei den geforderten Sanktionen machen muss, können die Sozialdemokratinnen ihre Forderung nach Anspruch auf Arbeitslosen- und Altersversicherung nicht durchsetzen.[104] Es

103 Zit. in: Die Parlamentarierin Hildegard Burjan. Zwischen Kampf um Frauenrechte und tradiertem Rollenbild der Frau, Parlamentskorrespondenz 09, 07.03.2008: 207

104 Die Gültigkeit des Gesetzes wurde zudem auf Gemeinden mit mehr als 5000 Einwohnerinnen und Einwohnern beschränkt. Hausgehilfinnen in landwirtschaftlichen und gewerblichen Betrieben wurden ausgenommen, um den Gesetzesentwurf konsensfähig werden zu lassen, womit das Gesetz nur für Beschäftigte in Städten, nicht jedoch in ländlichen Betrieben Gültigkeit erlangte. Vgl. Hauch, Gabriella: Vom Frauenstandpunkt

ist eine von vielen Forderungen, die unerfüllt bleibt. Scheidung (auch katholischer Ehen), Anerkennung der Rechte von Lebensgefährten und -gefährtinnen oder die Abschaffung des § 144[105] sind weitere, unerfüllte Forderungen der sozialdemokratischen Frauen. Zu konservativ ist die Haltung der Mehrheit der Gesellschaft, zu heftig ist der Widerstand konservativ-klerikaler Kreise im Parlament.

Das Rote Wien

Wesentlich mehr Erfolge erzielen die Sozialdemokratinnen und Sozialdemokraten auf Gemeindeebene in Wien. Mit der Wahl vom 4. Mai 1919 und einer sozialdemokratischen Regierung mit absoluter Mehrheit, die in den folgenden Jahren die Hauptstadt regiert, beginnt ein europaweit einzigartiges Experiment moderner Stadtverwaltung und Armutsbekämpfung. Die dringlichsten Probleme der Stadt sind Wohnungsnot und massenhafte Verelendung der Bevölkerung. 70 % der Arbeiterinnen und Arbeiter in den Außenbezirken sind Tagelöhnerinnen und Tagelöhner. Hier sterben sieben Mal mehr Menschen an epidemischen Krankheiten (Tuberkulose, Typhus, Cholera) als in der Inneren Stadt. Die Säuglingssterblichkeit liegt bei 25 %. Unzählige Menschen verlieren durch Krieg und Wirtschaftskrise ihr Erspartes für die Alterssicherung. Auf diese Weise völlig unversorgt, werden sie zu Bettlerinnen und Bettlern auf der Straße. Unbebaute Flächen werden von verarmten Menschen einfach in Besitz genommen, um dort zumindest in einer Bretterbude leben zu können. Ein Großteil der Wiener Bevölkerung lebt nach wie vor in überfüllten Zim-

aus. Frauen im Parlament 1919–1933, Verlag für Gesellschaftskritik, Wien, 1995: 144

105 Verbot des Schwangerschaftsabbruchs unter Androhung schwerer Kerkerstrafe

mer-Küche-Wohnungen ohne Wasser, Strom und Toiletten. Frauen wählen, trotz polizeilicher Verfolgung und gesellschaftlicher Ausgrenzung, den Weg in die Sexarbeit, um ihre Kinder ernähren zu können. Kinderarbeit ist ebenso an der Tagesordnung wie Alkoholismus und Gewalt in den Familien. Die Suizidrate unter Dienstmädchen ist angesichts der ausbeuterischen Lebens- und Arbeitsbedingungen besonders hoch. Der Glanz der Wiener Ringstraße ist mit dem Elend jener erkauft, die nichts als ihre Arbeitskraft haben. Sie sind gezwungen, diese am Markt eines unregulierten, liberalen Wirtschaftssystems gegen Hungerlöhne zu verkaufen – ohne jeglichen Schutz einer ausgleichenden Sozialpolitik.

Karitative Frauenvereine

Schon vor der Jahrhundertwende versuchen zahlreiche private, meist ehrenamtlich tätige Frauenvereine aller Glaubensrichtungen und Vereine der Frauenbewegung, den Bedürftigsten der Gesellschaft zu helfen. Der Allgemeine Österreichische Frauenverein richtet ab 1902 Rechtsberatungsstellen und eine eigene Sektion für Jugend, soziale Erziehung und Mutterschutz ein. Das Wiener Settlement in Ottakring, initiiert von Marie Lang (1858–1934)[106] und über Jahrzehnte von Else Federn (1874–1946) geleitet, entwickelt ein umfassendes Hilfsprogramm mit Kinderbetreuung, Lernhilfe, Tuberkulose, Beratung, Jugendarbeit und kulturellen Angeboten. Jüdische Frauen engagieren sich entsprechend ihrer Traditionen in zahlreichen Vereinen. Sie gewährleisten vielfältige Unterstützung in den Bereichen Mädchenbildung, Lehrlingsausbildung für Kriegswaisen oder Altersfürsorge.

106 Frauenrechtlerin und Mitherausgeberin der Zeitschrift „Dokumente der Frau“ gemeinsam mit Auguste Fickert und Rosa Mayreder

Die Katholische Reichsfrauenorganisation bietet Tee- und Wärmestuben, Unterstützung für Heimarbeiterinnen, Stellenvermittlung für junge Frauen, Unterkunft für Lehrmädchen und junge studierende Frauen an. Kochkurse, Schulungen in Säuglingspflege, Kindererziehung und Krankenpflege werden im Rahmen sogenannter Frauenschulen angeboten.

Hildegard Burjan gründet nach ihrer kurzen Tätigkeit als Abgeordnete im Parlament[107] ihr Lebenswerk „Caritas Socialis". Es gelingt ihr die Gründung einer religiösen Schwesternschaft, die ohne Einengung durch herkömmliche, klösterliche Vorschriften nahe an der Lebenswirklichkeit der Bedürftigen arbeiten kann. Die modern organisierten Schwestern widmen sich der medizini-
schen und sozialen Versorgung bedürftiger, kranker und alter Menschen.

Von der Wiege bis zur Bahre

Auch die Volkshochschulen des „Roten Wien" beginnen als Vereine und bieten Bildung für Arbeiterinnen und Arbeiter an, die von engagierten Hochschulprofessoren unentgeltlich unterrichtet werden. Auch die ersten weiblichen Absolventinnen der Universität vermitteln ihr Wissen mit modernsten pädagogischen Methoden entsprechend der Idee des Gründers Ludo Hartmann (1865–1924):

> (…) Wir wollen ganze Individuen heranbilden, und zwar nicht von irgend einem speciell ethischen, moralischen und religiösen Standpunkte, sondern um die Intelligenz zu erwe-

107 Aufgrund althergebrachten und zunehmenden Widerstands ihrer männlichen Parteikollegen gegen Frauen sowie antisemitischer Untertöne gegen ihre Person, verzichtet sie auf eine zweite Kandidatur. Hildegard Burjan stammt aus einer jüdischen Familie und war nach einer lebensgefährlichen Erkrankung als junge Frau zum katholischen Glauben übergetreten.

cken und alles beizutragen, um den Einzelnen denken zu lehren. Uns ist jeder wissenschaftliche Gegenstand recht, der vorgetragen wird, wenn er von dem Hörer gerne aufgenommen wird, wenn er daran nur das Denken lernt.[108]

Im öffentlichen Schulwesen versucht Otto Glöckel (1874–1935) mit der Wiener Schulreform eine religions- und ideologiefreie Bildung zu etablieren. Er ist inspiriert von den fortschrittlichen, reformpädagogischen Ansätzen der Pionierin und Schulgründerin Eugenie Schwarzwald (1872–1940).

Basierend auf seinem Konzept der Individualpsychologie ruft Alfred Adler (1870–1937) Elternberatungsstellen ins Leben. Seine Mitstreiterinnen Alice Friedmann (1897-1980) und Stefanie Horowitz (1887-1942)entwickeln in der von ihnen gegründeten Erziehungseinrichtung in Wien-Mariahilf Ansätze von Heilpädagogik und antiautoritärer Erziehung. Für Eltern verfasst Alice Friedmann Erziehungsmerkblätter mit den Themen „Warum ißt das Kind nicht?“ und „Warum glauben Sie, dass ihr Kind sich bessert, wenn Sie es schlagen?“. In den Fürsorgeämtern werden Säuglingspakete an bedürftige Mütter verteilt. Kinderfreibäder, Schulzahnkliniken, Jugendheime und Mütterberatungsstellen werden von der Stadt Wien eröffnet. „Wer Kindern Paläste baut, reißt Kerkermauern nieder“ ist der Leitspruch des hierfür verantwortlichen Stadtrats für das Wohlfahrts- und Gesundheitswesen, Julius Tandler (1869–1936). Neben Bildungseinrichtungen entstehen auch sozialdemokratische Sporteinrichtungen und Kulturangebote.

„Von der Wiege bis zur Bahre“ will die sozialdemokratische Stadtverwaltung das Leben der Menschen verbessern und dabei

108 Ludo Hartmann am IV. Ordentlichen Delegiertentag des Central-Verbandes der deutsch-österreichischen Volksbildungsvereine, abgehalten am 2. Nov. 1901 in Wien, Zit. in: Filla, Wilhelm: Wissenschaft für alle – ein Widerspruch?, Studienverlag Innsbruck, 2001: 27

keinen gesellschaftlichen Bereich außer Acht lassen. Im Versuch, eine gerechtere Gesellschaft durch staatliche Fürsorge und aktive Armutsbekämpfung herbeizuführen, scheitern die Sozialdemokraten und Sozialdemokratinnen vor allem an ihren politischen Gegnerinnen und Gegnern aus christlichsozialen, bürgerlichen, ehemals adeligen und deutschnationalen Gruppierungen. Diese stemmen sich mit aller Kraft gegen die mit den Reformen verbundenen Einschränkungen ihrer bisherigen Privilegien und der erstmaligen Umverteilung des Reichtums von oben nach unten.

Sozialpolitik und Polarisierung der Gesellschaft

In der Auseinandersetzung um das Sozialprogramm greifen die Sozialdemokratie und ihre Gegner gleichermaßen zu scharfen verbalen Mitteln. Der Kampfrhetorik über die kommende „Diktatur des Proletariats“ wird mit der Rede von der „Roten Gefahr“, die alle enteignen will, begegnet.

Das „Rote Wien“ ist unentwegt scharfer und auch untergriffiger (nicht selten mit antisemitischen Untertönen versetzter) Kritik ausgesetzt. Vor allem der Finanzstadtrat Hugo Breitner (1873–1946) wird zum Feindbild seiner politischen Gegner. Als Finanzstadtrat holt er sich „(…) das notwendige Geld dort, wo es sich wirklich befindet“[109]: Beim vermögenden Bürgertum, beim Adel sowie bei Immobilien- und Grundbesitzern. Er führt eine neue Steuer ein, die nur die obersten 20 % der Mieten betrifft – zusätzlich zur Wohnbausteuer. Palaisbesitzer werden höher besteuert als Wohnungsbesitzer, die Nahrungs- und Genussmittelabgabe trifft vor allem noble Restaurants, Kaffeehäuser und Hotels. Aber auch Kraftwagen-, Pferde- und Hundebesitzer werden hoch besteuert. Mit kompromisslosem Eintreiben der Steuern, Verzögerungszuschlägen und empfindlichen Strafen bei Steuerhinterziehung sichert sich die Stadtverwaltung das Budget, mit dem der soziale Wohnbau ohne zusätzliche Schulden finanziert werden kann. Breitner rechtfertigt seine Steuerpolitik mit provokanten Worten:

109 Zit. in: Webseite „Das rote Wien“: http://www.dasrotewien.at/seite/breitner-hugo

„Die Betriebskosten der Schulzahnkliniken liefern die vier größten Wiener Konditoreien (…) Die Schulärzte zahlt die Nahrungsmittelabgabe des Sacher. Die gleiche Abgabe vom Grand Hotel, Hotel Bristol und Imperial liefert die Aufwendungen für die Kinderfreibäder. Das städtische Entbindungsheim wurde aus den Steuern der Stundenhotels erbaut und seine Betriebskosten deckt der Jockey-Klub mit den Steuern aus den Pferderennen."[110]

Der christlichsoziale Heimwehrführer und österreichische Innenminister Ernst Rüdiger Starhemberg (1899–1956) antwortet 1930 während einer Wahlkampfrede am Wiener Heldenplatz darauf mit einer Morddrohung: „Den Wienern werde ich ein gutes Rezept für den Wahlkampf geben: Sie sollen die Wahlschlacht im Zeichen Breitners führen. Nur wenn der Kopf dieses Asiaten[111] (gemeint ist Breitners Kopf) in den Sand rollt, wird der Sieg unser sein.[112]

Erste Eskalation

Neben diesen Verbalattacken werden die Auseinandersetzungen auch auf der Straße mit Aufmärschen der bewaffneten Vorfeldorganisationen der jeweiligen Parteien ausgetragen. Die aus dem Ersten Weltkrieg zurückgekehrten Soldaten hatten ihre Waffen behalten. Viele lehnen das neue Staatsgebilde, den „Rumpf-Staat" Österreich, ab und formieren sich zunächst in Kärnten und der Steiermark, schließlich im ganzen Land, zu bewaffneten „Selbstschutzverbänden". Als Antwort auf diese Heimwehr-Verbände bilden Sozialdemokraten den „Republikanischen Schutzbund" zur Abwehr autoritärer und faschistischer Gruppen, die sie als kom-

110 Zit. in. ebd.

111 Die Bezeichnung „Asiate" ist eine antisemitisch abwertende Anspielung auf Hugo Breitners jüdische Herkunft.

112 Zit. in: Webseite „Das rote Wien": http://www.dasrotewien.at/seite/breitner-hugo

mende Gefahr für die junge Demokratie sehen. Regelmäßig marschieren „Heimwehr“ und „Schutzbund“ in paramilitärischer Formation an verschiedenen Orten auf. Die Zeichen stehen auf Provokation und Eskalation. Nachdem bei einem dieser Aufmärsche am 30. Januar 1927 im burgenländischen Schattendorf im Anschluss an wechselseitige Provokationen eine Gruppe Schutzbündler von einem Gasthof aus beschossen wird, sterben der Kriegsinvalide Matthias Csmarits und der knapp achtjährige Josef Grössing. Der Gerichtsprozess rund um die Ereignisse in Schattendorf am 14. Juli 1927 endet mit einem Freispruch. Die Arbeiterschaft ist empört über das Urteil und reagiert mit einem spontanen Generalstreik

und einer Demonstration in Wien, die in einer blutigen Auseinandersetzung mit der Polizei und dem Brand des Justizpalastes endet. Am Abend des 15. Juli 1927 sind 89 Menschen[113] tot und hunderte verletzt. Nachdem die politisch Verantwortlichen, Polizeipräsident Johannes Schober (1874–1932) und Bundeskanzler Ignaz Seipel (1876–1932)[114], das eskalierende Vorgehen der Exekutive rechtfertigen, geht ein Riss durch die österreichische Gesellschaft.

Mit dem Justizpalast-Brand verschärft sich einmal mehr der Kampf zwischen den Befürworterinnen und Befürwortern der Demokratie und den Vertreterinnen und Vertretern autoritärer Ideologie. „Die Politik der leeren Drohung ohne ernstliche Bereitschaft, sie im Ernstfall auch in die Tat umzusetzen (...)“[115] auf Seiten der Sozialdemokraten entmutigt die Arbeiterschaft und ermutigt die Verbände der antidemokratisch ausgerichteten Heimwehr, zunehmend militanter und rechtsradikaler zu agieren – mit politi-

113 84 Demonstranten und fünf Polizisten

114 Ignaz Seipel ist katholischer Theologe, Priester und Politiker der Christlich-sozialen Partei.

115 Zit. in: Leser, Norbert (Hg.): Das geistige Leben Wiens in der Zwischenkriegszeit“, Österr. Bundesverlag, Wien, 1981

scher Rückendeckung durch Ignaz Seipel. Bald sind illegale Nationalsozialisten die Profiteure der scheinbar unlösbaren Konflikte. Sie gewinnen rasch an Terrain und haben regen Zulauf. Auch Bundeskanzler Ignaz Seipel sympathisiert mit nationalsozialistischem Gedankengut, während seine enge Freundin und politische Weggefährtin Hildegard Burjan ihn nahezu prophetisch warnt: „Man muss sich mit dieser Bewegung auseinandersetzen. Sie ist totalitär und wird bis zum Äußersten gehen (…).“[116] Hildegard Burjan erkennt trotz ihrer ablehnenden Haltung gegenüber der Sozialdemokratie die Gefahr totalitären Gedankenguts.

Frauenpartei

1929 rühmt Adelheid Popp noch die Erfolge der Frauenbewegung:

> Die Frau von heute, die Frau mit dem Stimmzettel, die Frau als Abgeordnete, Ärztin, Rechtsanwältin, die Frau (ist) nicht mehr bei den Lohnarbeiten ‚niedrigster' Art (…), sondern überall, wo Menschenhände und Menschengeist Arbeiten verrichten! Wir stehen in einer gewandelten Welt! Die Frauen gehen ihren Weg immer weiter aufwärts![117]

Der Wunsch einer kontinuierlichen Verbesserung der Situation von Frauen geht jedoch nicht in Erfüllung. Im Gegenteil: Bald müssen die Frauenorganisationen vehement um den Erhalt der erkämpften Fortschritte ringen. Angesichts der gesellschaftlichen Konflikte, verschärft durch den Börsenkrach 1929 und die damit ausgelöste Weltwirtschaftskrise, werden alle sozialpolitischen,

116 Zit. in: Schödl, Ingeborg: Frau zwischen Politik und Kirche, Wiener Domverlag, 2008: 187

117 Popp, Adelheid: Der Weg zur Höhe. Die sozialdemokratische Frauenbewegung Österreichs; ihr Aufbau, ihre Entwicklung und ihr Aufstieg Deutschösterreichs. Frauenzentralkomitee der Sozialdemokratischen Arbeiterpartei Deutschösterreichs, Wien 1929: 132

demokratischen Erfolge – inklusive jener der Frauenbewegung – in großen Schritten rückgängig gemacht. Die regierenden Parteien führen auf allen Ebenen einen erbitterten Machtkampf gegen die Opposition und befeuern damit die sozialen, ethnischen und religiösen Konflikte innerhalb der Gesellschaft.

Die bürgerlichen Frauen versuchen es mit einer Parteigründung, fordern personellen Abbau der Heimwehr und des Schutzbundes und bezeichnen sich als friedenstiftende Vermittlerinnen. Unter dem Vorsitz von Marianne Hainisch findet am 11. Dezember 1929 die Gründungsversammlung der „Österreichischen Frauenpartei" statt. Die Partei ist innerhalb der Frauenbewegung stark umstritten, umso mehr, als die Gründerinnen sich nicht auf die Zusammenarbeit mit sozialdemokratischen und anderen demokratisch gesinnten Frauen stützen, sondern den „Nationalen Wirtschaftsblock und Landbund" unter der Leitung des Polizeipräsidenten Schober als Bündnispartner wählen, um auf diesem Wege mehr bürgerliche Frauen in den Nationalrat zu bringen. 1930

Demonstration anlässlich des Internationalen Frauentags in Floridsdorf, 1930

erhält lediglich eine Frau über diesen „Schoberblock“ einen Parlamentssitz: die Großdeutsche[118] Maria Schneider (1898–1979).[119] Sie zieht als jüngste Abgeordnete in den Nationalrat ein. Auf sozialdemokratischer Seite sind es nach dieser Wahl neun Frauen. Obwohl damit ein erster „Höchststand“ von Frauen im Parlament mit 6,6 % aller Abgeordneten erreicht ist, beginnt in dieser Regierungsperiode der Angriff auf die errungenen Frauenrechte. So versucht die Regierung der Christlichsozialen Partei in Koalition mit Landbund und Heimatblock die Probleme vor allem durch Abbau von Sozialleistungen und Arbeitsverbot für Frauen zu lösen.

118 Die nach den Wahlen 1919 im Nationalrat verbliebenen 26 deutschnationalen und deutschliberalen Abgeordneten schlossen sich zur „Großdeutschen Vereinigung“ zusammen, aus der am 7./8. August 1920 die Großdeutsche Volkspartei hervorging. Die Großdeutsche Volkspartei trat für einen Anschluss an Deutschland (Weimarer Republik) ein, war antiklerikal und antisemitisch orientiert. Am 15. Mai 1933 schloss die Großdeutsche Volkspartei mit den Nationalsozialisten eine Kampfgemeinschaft.

119 Maria Schneider wird bald nach ihrem Einzug in den Nationalrat aktive illegale Nationalsozialistin und spielt nach dem Anschluss eine bedeutende Rolle in der NS-Frauenschaft. Auch nach 1945 bleibt sie ihrer rechtsextremen Gesinnung treu und ist vielfach aktiv im Umfeld der VdU (Verband der Unabhängigen), Nachfolge-Partei der österreichischen NSDAP und Vorläufer-Partei der heutigen FPÖ. Vgl. dazu Gehmacher, Johanna 1998 und 2000: 216–233 und Bailer-Galanda, Brigitte; Neugebauer, Wolfgang 1997: 12

Der Anfang vom Ende

Am 4. März 1933 nützt Engelbert Dollfuß (1892–1934), seit 1932 Bundeskanzler, einen Formalfehler während einer Abstimmung, um mithilfe der Polizei das Parlament auszuschalten. Auf Basis eines Kriegsermächtigungsgesetzes aus dem Jahr 1917 setzt er seine Regierung fort und leitet Schritt für Schritt die Ausschaltung der wichtigsten demokratischen Institutionen und Kontrollinstanzen in die Wege. Am 20. Mai 1933 gründet Dollfuß die Vaterländische Front als antimarxistisch, katholisch ausgerichtete und an Benito Mussolinis italienischem Faschismus orientierte Partei. Die bis zu diesem Zeitpunkt wenig erfolgreiche Österreichische Frauenpartei tritt kurz darauf der Vaterländischen Front bei und besiegelt damit ihre Auflösung. Auch die Katholische Reichsfrauenorganisation Österreichs (KRFÖ) begrüßt die Ausschaltung des Parlaments und unterstützt die Vorgangsweise der neuen Regierung. Dollfuß beginnt umgehend mit dem Umbau der Republik in einen „Ständestaat" und der Etablierung einer konservativ-klerikalen Diktatur: Die Versammlungsfreiheit wird eingeschränkt und das Streikrecht aufgehoben. Der Republikanische Schutzbund der Sozialdemokraten, die Kommunistische Partei (gegr. 1918) und die Deutsche Nationalsozialistische Arbeiterpartei (gegr. 1903 als Deutsche Arbeiterpartei, 1918 umbenannt in DNSAP)[120] werden verboten.

Für die Frauen bedeutet die ideologische Kehrtwende Berufsverbot und „Betpflicht": Das Lehrerinnen-Zölibat wird wieder ein-

120 Über das Verhältnis der DNSAP zur NSDAP in Deutschland und die Weiterentwicklung der Partei siehe: https://www.wien.gv.at/wiki/index.php/Nationalsozialistische_Deutsche_Arbeiterpartei

geführt und verbietet verheirateten Pädagoginnen die Ausübung ihres Berufs. Unverheiratete, berufstätige Lehrerinnen werden gesetzlich verpflichtet, an religiösen Übungen teilzunehmen. Vereine der Katholischen Frauenbewegung, die bis zu diesem Zeitpunkt selbstverwaltet agieren konnten, werden der Hierarchie einer remaskulinisierten[121] Kirchenstruktur unterworfen. Die Generalsekretärin der Katholischen Frauenorganisation (KFO), Alma Motzko (1887–1968), wird im Zuge der „Reformen" 1935 ihrer Funktion enthoben.[122] Mit der Verordnung zum Abbau verheirateter weiblicher Bundesangestellter vom 15. Dezember 1933 müssen sämtliche, im Bundesdienst arbeitende Frauen ihre Tätigkeit aufgeben. Die Ideologie des männlichen Alleinverdieners wird durchgesetzt. Frauen wird unbezahlte Hausarbeit zugewiesen, um Arbeitsplätze für Männer zu schaffen.

Zwar protestieren gegen die Verordnung auch konservative Mädchenschulen wie jene des Frauen-Erwerb-Vereins: „Der Wiener Frauen-Erwerb-Verein (…) sieht dieses Ziel seiner Arbeit durch die Verordnung der Regierung (…) auf das schwerste bedroht. Seine Schulen verlieren dadurch eine Reihe ihrer tüchtigsten Lehrkräfte und werden damit in ihren Leistungen herabgedrückt und in ihren finanziellen Grundlagen erschüttert."[123], ihr Protest verhallt jedoch ungehört. Über neue Lehrpläne wird versucht, die alte Geschlechterordnung wieder herzustellen: Bubenerziehung wird militarisiert, Mädchenbildung im Gegenzug trivialisiert. Die Ausbildung konzentriert sich einmal mehr auf die erwünschte Rolle der Gebärenden, Haus- und Ehefrau. Die

121 Erneut und verstärkt männerdominiert

122 Jedoch bald als Leiterin des Frauenreferats der Vaterländischen Front in Wien rehabilitiert. Siehe: http://www.fraueninbewegung.onb.ac.at/Pages/PersonDetail.aspx?p_iPersonenID=8674846

123 Die Österreicherin, 7. Jg, Nr.1, 1934: 3

ursprünglich zur Aufwertung der unbezahlten Haus-, Erziehungs- und Pflegearbeit von Frauen erdachte Idee des Muttertags wird übernommen und ideologisch aufgeladen. Am 28. Oktober 1934 erfolgt zur Verfestigung der alten Geschlechterordnung die feierliche Eröffnung des Mutterschutzwerkes. Vertreterinnen dieser konservativ-katholischen Einrichtung betonen die Bedeutung der Mutter als „Schöpferin und Erzieherin künftiger Generationen (…) Trägerin der Nation, Gestalterin der Zukunft des Volkes."[124] Die Aufwertung der Rolle der Mutter als Entschädigung für gesellschaftlichen, politischen und wirtschaftlichen Ausschluss ist einmal mehr die männliche Strategie hinter dieser scheinbaren Privilegierung von Frauen. Die konservativen Frauenverbände wirken zwar entsprechend ihrer Geschlechtervorstellungen an ihrer Ausgrenzung mit, versuchen dennoch ihren mühsam errungenen Anteil an politischer Gestaltungsmacht zu verteidigen. Nachdem nur die Zugehörigkeit zu einem Berufsstand in der Konzeption des ausgerufenen Ständestaates politische Teilhabe zu garantieren scheint, versuchen die Frauen ihre Arbeit im Privaten als Beruf zu deklarieren und fordern die Einrichtung einer Hauswirtschaftskammer, eine Interessensvertretung des Berufsstandes „Hausfrau und Mutter". Die Hoffnung, dadurch weiterhin politisch eingebunden zu bleiben, erfüllt sich jedoch nicht.

12. Februar 1934 und die Folgen

Während sich bürgerlich-konservative Frauen in den neuen-alten Rollen einfinden, manche sogar hoffen, ihre Vorstellungen von Gleichberechtigung auf diesem Weg verwirklichen zu können,

124 Vortrag Landesreferentin des Mutterschutzwerkes Vorarlberg, Reder: VF – Bestand 2812/18 in: Talos, Emmerich: Das Austrofaschistische Herrschaftssystem. Österreich 1933–1938, Lit Verlag, Wien, 2013: 391

ringen vor allem sozialdemokratische Frauen um ihr politisches Überleben und das ihrer Partei.

Als am 12. Februar 1934 – im Zuge einer Hausdurchsuchung der Polizei im Schutzbund Parteiheim Hotel „Schiff" – in Linz Schüsse fallen, nimmt Bundeskanzler Dollfuß dies zum Anlass, um mit aller militärischer Härte den Kampf gegen die Arbeiter- und Arbeiterinnenschaft zu führen. Sein Ziel ist, die Sozialdemokratie nachhaltig zu schwächen und auszuschalten. Gemeindebauten und Arbeiterwohnheime, die „Arbeiter-Hochburgen der Sozialdemokratie", werden gezielt gesperrt und belagert. Die sozialdemokratische Führung in Wien beschließt zwar einen Generalstreik, die geplante flächendeckende Mobilisierung gelingt jedoch nicht. Viele Arbeiterinnen und Arbeiter fühlen sich von der Defensivpolitik ihrer Führung der vergangenen Jahre verraten, sind verunsichert oder verärgert. In dieser Situation übernehmen engagierte, sozialdemokratische Frauen kurzerhand die Mobilisierung und Bewaffnung ihrer Männer. So organisiert Maria Emhart (1901–1981) Frauen, die mit Kinderwägen Waffen zu den Sammelplätzen bringen. Andere übernehmen Kundschafterinnen- und Kurierinnenaufgaben. Als Frauen können sie eher Straßensperren passieren mit denen Heimwehr, Polizei und Militär jene Orte großräumig absperren, die als Herzstück der Arbeiterbewegung gelten. Als Dollfuß die Arbeiterschaft angreifen lässt, wehren sich Arbeiterinnen und Arbeiter erbittert und kämpfen an manchen Orten bis zu drei Tage lang. In Wien, Oberösterreich und der Steiermark verhängt die Regierung das Standrecht und lässt neun Schutzbündler hinrichten. Die Opferbilanz des Bürgerkrieges ist dramatisch: 196 tote Arbeiter und Arbeiterinnen sowie 319 Verwundete werden am Ende der Kämpfe auf Seiten der Sozialdemokraten gezählt. Die Regierungsseite gibt ihre Opfer mit 118 Toten und 486 Verwundeten an. Wie groß die Zahl der an den Kämpfen beteiligten, verwundeten und getöteten Frauen ist, lässt sich bis heute kaum rekonstruieren.[125]

Widerstand und das Ende der Ersten Frauenbewegung

Nach Ende der Kämpfe fliehen zahlreiche Parteifunktionäre ins Ausland, über 1200 Personen werden verhaftet. Die meisten werden im „Anhaltelager" Wöllersdorf interniert, das bereits 1933 errichtet worden war. Es sind in dieser Situation erneut hauptsächlich Frauen, die für Familien, deren Väter verhaftet oder erschossen worden sind, Geld sammeln, Nahrungsmittel und Kleidung organisieren und die nun illegalen Parteistrukturen aufrecht erhalten.

„Als ich im Radio von dem Verbot hörte, war ich verzweifelt und deprimiert – das haben wir bis heute nicht überwunden. Ich war das einzige Mitglied des Parteivorstandes, das noch in Freiheit war. Illegal weiterzuarbeiten, war für mich selbstverständlich."[126] Mit diesen Worten beschreibt Rosa Jochmann (1907–1994) ihre Erinnerungen an das Verbot der Sozialdemokratischen Partei nach den Februarkämpfen. Im Gegensatz zu vielen Sozialdemokraten und Sozialdemokratinnen, die aus Enttäuschung der Kommunistischen Partei beigetreten waren, bleibt sie ihrer Partei treu und kämpft unermüdlich gegen das autoritäre, austro-faschistische System und den darauffolgenden Nationalsozialismus. Unter dem Decknamen Josefine Drechsler produziert und verteilt Rosa Jochmann Flugblätter. Sie beteiligt sich an der Organisation der Partei

125 Es ist anzunehmen, dass viele keine Krankenhäuser aufgesucht haben, um nicht verhaftet zu werden. Die Regierung veröffentlicht nach dem Ende der Kämpfe die Zahl von 21 getöteten und 79 verletzten Frauen. Aus: Wenninger, Florian: Frauen in den Februarkämpfen 1934. Das Ende einer Männerlegende. Aus der Reihe: Frauen machen Geschichte, Renner Institut, Wien, 2017: 6

126 Jochmann, Rosa in: Sporrer, Maria; Steiner, Herbert (Hg.innen): Rosa Jochmann. Zeitzeugin, Europaverlag, Wien, 1983: 62

im Untergrund und hält Kontakt mit verhafteten Genossinnen und Genossen oder Funktionärinnen und Funktionären im Exil. In Abgrenzung zur Sozialdemokratischen Partei wählen die Kämpferinnen und Kämpfer im Untergrund die Bezeichnung „Revolutionäre Sozialisten" und bekennen sich „zur Erneuerung der Arbeiterbewegung und zum kompromisslosen, revolutionären Kampf für den Sozialismus (…)"[127], überzeugt davon, dass „der faschistischen Diktatur nur eine Diktatur des Proletariats (folgen kann)."[128] In dieser Situation treten frauenspezifische politische Forderungen in den Hintergrund. Die Kämpfe der Frauenbewegung sind ausgesetzt, der Kampf ums politische Überleben der demokratisch gesinnten Bewegungen und Parteien nimmt alle Kräfte in Anspruch.

127 Fischer, Lisa; Emhart, Maria in: Prost, Edith (Hg.in): Die Partei hat mich nie enttäuscht Österreichische Sozialdemokratinnen, Verlag für Gesellschaftskritik, Wien, 1989: 264

128 ebd.

Der Weg in den Nationalsozialismus

Engelbert Dollfuß glaubt, mit dem Angriff auf die Arbeiterschaft und dem Verbot der sozialdemokratischen und kommunistischen Parteien die Gefahr einer „marxistischen Revolution" gebannt zu haben. Er verkündet am 1. Mai 1934 eine neue Verfassung mit der Präambel: „Im Namen des Allmächtigen, von dem alles Recht ausgeht, erhält das österreichische Volk für seinen christlichen, deutschen Bundesstaat auf ständiger Grundlage diese Verfassung."[129]

Die tatsächliche Gefahr für das autoritär-ständische Staatsgebilde und auch Engelbert Dollfuß geht jedoch von illegalen Nationalsozialisten aus. Sie destabilisieren das Land mit Attentaten und Sabotageakten. Unterstützung kommt aus dem mittlerweile nationalsozialistischen Deutschland, in dem Adolf Hitler (1889–1945) bereits 1933 die Macht ergriffen hatte. Am 25. Juli 1934 dringen bewaffnete illegale Nationalsozialisten in das Bundeskanzleramt ein, eröffnen das Feuer auf Dollfuß und lassen den Schwerverwundeten ohne ärztliche Versorgung zurück. Er erliegt wenig später seinen Verletzungen. Kurt Schuschnigg (1897–1977) übernimmt in der Folge die Amtsgeschäfte. Er ist überzeugter Anhänger des „Ständestaates" und hatte als Justizminister wesentlich an der autoritären Umgestaltung Österreichs mitgewirkt. Schuschnigg versucht, sowohl den Einfluss der faschistischen Heimwehren als auch jenen der Nationalsozialisten zurückzudrängen – bei gleichzeitiger Verfolgung der sozialdemokratischen und kommunistischen Kräfte des Landes. Durch Fortsetzung der Bündnisse

129 Bundesgesetzblatt (BGBl.) y1/1934/II

mit dem faschistischen Italien Benito Mussolinis (1883–1945) einerseits und durch ein Abkommen mit dem Deutschen Reich Hitlers andererseits versucht er, die Souveränität des Landes außenpolitisch zu retten – ohne Erfolg. Im Verlauf der Konferenz von Berchtesgaden zwingt Hitler Schuschnigg, das Verbot der österreichischen NSDAP aufzuheben und den Nationalsozialisten Arthur Seyß-Inquart (1892–1946) als Innenminister an der Regierung zu beteiligen. Mit einer Volksabstimmung über die Selbstständigkeit Österreichs versucht Schuschnigg die Okkupation durch Hitler-Deutschland noch abzuwenden. Hitler zwingt jedoch unter Androhung eines sofortigen Einmarsches Schuschnigg zum Rücktritt, der sich in einer Radioansprache von der Bevölkerung mit den Worten „Gott schütze Österreich“[130] verabschiedet. Mit Seyß-Inquart, der das Amt übernimmt, beginnt die Vorbereitung der vollständigen nationalsozialistischen Machtübernahme.

Anschluss 1938

Als am 15. März 1938 die nationalsozialistischen Truppen Wien erreichen, sind jubelnde Menschenmassen auf den Straßen und am Heldenplatz. Unmittelbar nach dem Einmarsch der Nationalsozialisten setzen Ausgrenzung, Enteignung, Vertreibung, Deportation und Ermordung – vor allem der jüdischen Bevölkerung – ein. Mit der gesellschaftlichen Ächtung der Jüdinnen und Juden geht das Außerkraftsetzen aller bis dahin erkämpften Menschenrechte, Strukturen von Rechtsstaatlichkeit und demokratischer Errungenschaften einher. Die nationalsozialistische Ideologie treibt rassistisches Gedankengut auf die Spitze, „leugnet grund-

130 Letzte Rundfunkansprache als Österreichischer Bundeskanzler von Kurt Schuschnigg am 11. März 1938: https://www.mediathek.at/atom/015C6FC2-2C9-0036F-00000D00-015B7F64

sätzliche Gemeinsamkeiten der Menschheit, klassifiziert (bestimmte Gruppen von Menschen) als außer- oder unterhalb der Menschheit stehend, verabsolutiert, dogmatisiert und missbraucht reale Unterschiede (unter den Menschen)."[131]

Ähnlich den Zuschreibungen, die Frauen jahrhundertelang erfahren, werden Jüdinnen und Juden, zugewanderten Menschen aus Osteuropa, verschiedenen gesellschaftlichen Randgruppen oder auch politischen Gegnerinnen und Gegnern willkürlich negative Eigenschaften wie Faulheit, Verschlagenheit, Geldgier, mangelnder Sinn für Reinlichkeit oder kriminelle Veranlagung unterstellt. Aus den Zuschreibungen wird Überlegenheit abgeleitet

und schließlich Ausgrenzung bis hin zu Mord gerechtfertigt. Ein „komplexes Ensemble historischer Faktoren und Mechanismen"[132] führt, wie Historikerinnen und Historiker später rückblickend analysieren, zur extremsten Form von Rassismus: Der Vernichtung von geschätzten sechs Millionen Menschen.[133]

Kein Recht auf Recht

Vor ihrer Vertreibung und Ermordung werden in erster Linie Jüdinnen und Juden Schritt für Schritt um das „Recht auf Recht" beraubt. Öffentliche Demütigungen, körperliche Gewalt, skrupelloser Raub, Vergewaltigung und Mord an Jüdinnen und Juden werden nicht nur nicht bestraft, sie werden provoziert, bewusst

131 Geiss, Immanuel: Geschichte des Rassismus, Suhrkamp Verlag, 1988: 20

132 ebd. 265

133 Wolfgang Benz, Historiker am Münchner Institut für Zeitgeschichte kommt in Folge eines groß angelegten Forschungsprojekts auf eine zweifelsfrei belegte Mindestzahl von 5,29 Mio. und schätzt mit einer Dunkelziffer bis zu 6,1 Millionen Tote. Vgl. Benz, Wolfgang: Dimension des Völkermords. Die Zahl der jüdischen Opfer des Nationalsozialismus (= Quellen und Darstellungen zur Zeitgeschichte, Band 33), Oldenbourg, München, 1991

herbeigeführt und sind politisches Programm der Nationalsozialisten. Mit der Pogromnacht von 9. auf 10. November 1938 zeigt sich erstmals unkontrollierter Hass: „Was hier entfesselt wurde, hatte mit der ‚Machtergreifung' in Deutschland, die nach außen hin scheinbar legal vor sich ging und von einem Teil der Bevölkerung mit Befremden, mit Skepsis oder mit einem ahnungslosen, nationalen Idealismus aufgenommen wurde, nichts mehr zu tun. Was hier entfesselt wurde, war der Aufstand des Neids, der Missgunst, der Verbitterung, der blinden böswilligen Rachsucht – und alle anderen Stimmen waren zum Schweigen verurteilt. (…) Hier war nichts losgelassen als die dumpfe Masse, die blinde Zerstörungswut, und ihr Haß richtete sich gegen alles durch die Natur oder Geist Veredelte. Es war ein Hexensabbat des Pöbels und ein Begräbnis aller menschlicher Würde."[134], schreibt Carl Zuckmayer in seiner Autobiographie.

Auch Frauen beteiligen sich: Als Denunziantinnen und Profiteurinnen an den sogenannten „Arisierungen" oder als Nutznießerinnen der Rassengesetze. Mitläuferinnen unterstützen Boykottaufrufe und kaufen nicht mehr in jüdischen Geschäften. Bei den Auftritten Hitlers sind Frauen begeistertes Publikum und „Redenverstärkerinnen". Sie organisieren sich selbst in Vereinen, treten der NS-Frauenschaft oder dem Bund Deutscher Mädel bei und unterstützen die „Hitlerbewegung", obwohl Frauen im Parteiprogramm der NSDAP nur als „schützenswerte Mütter" vorkommen und gezielt aus Berufen ausgeschlossen werden. Einige Frauen können dennoch die nationalsozialistische Ideologie für ihre Karriere nützen. Paula Wessely (1907–2000)[135] erhält 1939 den Titel

134 Zuckmayer, Carl: Als wär's ein Stück von mir: Horen der Freundschaft, Fischer Verlag, Frankfurt am Main, 1966: 71f

135 Paula Wessely wird nach Kriegsende kurzzeitig verhaftet und erhält vorübergehend Berufsverbot. Wenig später kann sie jedoch ihre Karriere fortset-

der Staatsschauspielerin und wird damit eine der bestverdienenden Künstlerinnen während der NS-Zeit. Sie übernimmt die Hauptrollen in Propagandafilmen, wie dem bis heute unter Aufführungsverbot stehenden antipolnischen Propagandafilm „Heimkehr" (1941) unter der Regie von Gustav Ucicky.[136] Andere Künstlerinnen nehmen die Plätze Vertriebener an der Staatsoper und im Burgtheater ein oder nützen die Ateliers emigrierter Kolleginnen.

Mit-Täterinnen

Das nationalsozialistische Regime bietet auch „Frauenarbeitsplätze" in seiner Vernichtungsmaschinerie. 3500 Frauen werden im Konzentrationslager Ravensbrück ausgebildet, um im Gefolge der SS Inhaftierte zu bewachen, zu quälen und zu töten. Ungefähr 10 % des gesamten Personals in den Konzentrationslagern sind Frauen. Die Inhaftierten sind von dem als besonders brutal und gewalttätig empfundenen Verhalten der Aufseherinnen nachhaltig schockiert. Ihr Verhalten widerspricht allen bisherigen Vorstellungen von Weiblichkeit und Mütterlichkeit.

Nach 1945 kommt die feministische Frauengeschichtsforschung angesichts dieser Ereignisse zur bitteren Erkenntnis, dass Frauen unter entsprechenden Bedingungen zu den gleichen Untaten fähig sind wie Männer oder diese darin tatkräftig unterstützen. 1989 bringt dies die Sozialwissenschaftlerin Christina Thürmer-Rohr auf den Punkt:

zen und ist völlig rehabilitiert. Kritikerinnen und Kritiker werfen ihr mangelhafte Distanzierung vom NS-Regime und halbherzige Aufarbeitung vor.

136 Gustav Ucicky, eigentlich Učický (1899–1961) war der uneheliche Sohn der Wäscherin Maria Učická (1880–1928) und des Malers Gustav Klimt. Eine detaillierte Aufarbeitung seines filmischen Schaffens findet sich in: Brecht, Christoph; Loacker, Armin; Steiner, Ines: Professionalist und Propagandist. Der Kameramann und Regisseur Gustav Ucicky, Verlag Filmarchiv Austria, Wien, 2014

> (…) dass diese Welt, deren Unordnung und Ordnung wir anklagen, ohne die Mitwirkung der Frau als aktive und passive Würdigerin des Mannes nicht wäre wie sie ist, (…) dass auch Frauen nicht wären, wie sie sind, wenn sie nicht den Hauptschub ihrer Kraft, Zeit und Fähigkeiten der Machtermächtigung des Mannes widmen würden.
> Frauen werden nicht nur unterdrückt, missbraucht und in ein schädigendes System verstrickt, sondern steigen auch eigentätig ein, gewinnen Privilegien, ernten fragwürdige Anerkennung und profitieren von ihren Rollen, sofern sie sie erfüllen.[137]

Während die KZ-Aufseherinnen ihren männlichen Kollegen in der brutalen Ausübung ihrer Macht in (fast) nichts nachstehen, versuchen sie unmittelbar nach dem Krieg ihre „weiblichen Schwächen" zu betonen, um Verurteilungen als gewalttätige, mordende Nazi-Frauen zu entgehen.[138] Die Opfer ihrer Gewalt entkommen den Folgen des Erlebten nicht.

Zeit ohne Gnade

Rosa Jochmann ist seit dem Verbot der Sozialdemokratischen Partei 1934 im Widerstand gegen Austrofaschismus und Nationalsozialismus. 1939 wird sie wieder einmal verhaftet, dieses Mal jedoch mit dem Vermerk „Rückkehr unerwünscht" und in das Konzentrationslager Ravensbrück deportiert. Sie erlebt gemeinsam mit Käthe Leichter (1895–1942), Irma Trksak (1917–2017), Antonia Bruha (1915–2006), Vilma Steindling (1919–1989), Maria Berner (1904–2000), Ceija Stojka (1933–2013) und unzähligen anderen Frauen

137 Thürmer-Rohr, Christina, Zit. in: Becker, Ruth; Kortendiek, Beate: Handbuch der Frauen- und Geschlechterforschung. Theorie, Methoden, Empirie, Verlag für Sozialwissenschaften, Wiesbaden 2004: 85

138 Vgl. Kompisch, Kathrin: Täterinnen. Frauen im Nationalsozialismus, Böhlau Verlag, Wien, 2008

Rosa Jochmann (1901-1994) Sozialdemokratische Widerstandskämpferin

Entmenschlichung, willkürliches Quälen und Ermorden unschuldiger Menschen. Frauen allen Alters, unterschiedlichster Herkunft sowie verschiedenster politischer und religiöser Gesinnungen werden durch Unterernährung, Kälte, sinnlose und schwere Arbeit oder medizinische Experimente systematisch ermordet. Während die „arische" Frau möglichst viele Kinder bekommen soll, werden jüdische Frauen, Roma- und Sinti-Frauen in Ravensbrück brutal zwangssterilisiert und zu Abtreibungen gezwungen. Mit grausamen, medizinischen Experimenten werden junge Frauen verstümmelt und getötet. Sexualisierte Gewalt ist an der Tagesordnung. Frauen, denen Hafterleichterung versprochen wird, wenn sie sich zu Sexarbeit bereit erklären, kehren völlig gebrochen aus den Bordellen der

Nationalsozialisten zurück. Neben harter Zwangsarbeit in verschiedenen Industriebetrieben[139] sind es Unterernährung und mangelnde Hygiene, die den Menschen das Leben kosten. Die Überlebenschance der Inhaftierten hängt von der Willkür der Aufseherinnen und Aufseher ab. Die Zugehörigkeit zur jeweiligen Verfolgtengruppe bestimmt über Leben und Tod. Jüdinnen, Roma- und Sinti-Frauen stehen auf der untersten Stufe der Lagerhierarchie und sind besonders von Misshandlung und Ermordung betroffen. Deutschsprachige oder von den Nationalsozialisten zur Aufrechterhaltung der Lagerorganisation notwendige Häftlinge erhalten entsprechende Funktionen. Rosa Jochmann übernimmt die Position der Blockältesten von Käthe Leichter, die ihr kurz vor ihrer Ermordung im Zuge der sogenannten Aktion 14f13 mit Giftgas[140] Hinweise gibt, wie sie in dieser Funktion anderen Häftlingen helfen kann:

> Sie gab mir goldene Ratschläge, wie ich mich als Blockälteste zu verhalten hatte: ‚Rosa (…) Du musst immer so tun, als ob du alle Anordnungen befolgen würdest, denn die SS hat immer Recht. Du musst aber auch alles tun, um zu sabotieren und die SS zu täuschen, um die Häftlinge zu schützen (…).‘[141]

139 Siemens richtet in der Nähe des Konzentrationslagers Ravensbrück eine eigene Produktionsstätte ein.

140 1942 wurde Käthe Leichter mit ihren jüdischen Leidensgefährtinnen im Zuge des nationalsozialistischen Euthanasieprogramms (Aktion 14f13) in der Psychiatrischen Anstalt Bernburg/Saale im Alter von 47 Jahren ermordet. Ihrem Ehemann Otto Leichter und den gemeinsamen Kindern Franz und Heinz gelingt die Flucht in die USA. Mehr zu Käthe Leichter siehe Archiv für Geschichte der Soziologie in Österreich http://agso.uni-graz.at/marienthal/biografien/leichter_kaethe.htm

141 Sporrer, Maria; Steiner Herbert: Rosa Jochmann. Zeitzeugin, Europaverlag, Wien, 1983: 78

Rosa Jochmann nimmt sich den Rat ihrer Freundin zu Herzen und setzt ihr Leben für andere ein. Mehrmals wird sie denunziert und zwei Mal überlebt sie die gefürchtete Haft im Bunker von Ravensbrück.

Im April 1945 wird das Konzentrationslager von den alliierten Truppen befreit. 132.000 Frauen aus über 40 Nationen waren zwischen Mai 1939 und April 1945 nach Ravensbrück und seine Nebenlager verschleppt worden. 881 Kinder aus 18 Nationen finden sich in den KZ-Zugangslisten. Das gezielte Sterbenlassen von Säuglingen und die brutale Ermordung von jüdischen Kindern raubt vielen inhaftierten Frauen und Müttern die letzte Lebenskraft. Insgesamt werden 92.000 Menschen in Ravensbrück ermordet. Während nach der Befreiung andere Länder Transporte für die Lagerinsassen zur Rückholung in die Heimat organisieren, gibt es keinerlei derartige Initiativen in Österreich. Dem Einsatz Rosa Jochmanns ist es zu verdanken, dass 47 Frauen und neun Männer mit einem Transport nach Österreich zurückgebracht werden können.

Niemals vergessen

Unmittelbar nach Kriegsende ist Rosa Jochmann wieder politisch aktiv. Sie zieht im November 1945 nach den ersten Wahlen als Abgeordnete in den Nationalrat ein. Zeit ihres Lebens hält sie die Erinnerung an jene Opfer wach, die den Massenmord durch das nationalsozialistische System nicht überlebt haben. In ihren Reden wendet sie sich unermüdlich gegen die Politik des Vergessens der Zweiten Republik, während „die Gnade des Vergessenkönnens keinem beschieden (ist), der im Konzentrationslager war. Das kann man nicht vergessen. Wir sind durch das Tor des Lagers nur scheinbar in die Freiheit gegangen. Aber in Wirklichkeit ist keine Einzige frei geworden."[142]

142 Jochmann, Rosa: Epitaph, in: Neues Forum, Heft 481–484, 1994: 16

Zahlreiche heimgekehrte, ehemalige KZ-Inhaftierte überleben die erlittenen psychischen und physischen Traumatisierungen nicht. Die Todes- und Suizidrate ist in den ersten Jahren nach dem Krieg außergewöhnlich hoch.

Rosa Jochmann bleibt bis zuletzt Fürsprecherin aller Opfer der NS-Zeit. Eine Haltung die vor allem in den Debatten rund um das Opferfürsorgegesetz im Nationalrat deutlich wird: „Wir haben in dem geschmähten, geschändeten und verfolgten Juden genau so einen treuen Freund gefunden wie in den Angehörigen aller Nationen. Und ich möchte im Gedanken an diese Kameradschaft, die über Rassen und über Nationen hinweggegangen ist, für alle diese meine Kameraden, die heute hier in Österreich leben, das Wort ergreifen."[143]

Das erste Opferfürsorgegesetz wird am 17. Juli 1945 beschlossen und bezieht anfangs nur österreichische Widerstandskämpfer und -kämpferinnen in die Definition der Opfer ein. Jüdinnen und Juden, Roma und Sinti, Homosexuelle und als „Asoziale" Deportierte oder Zeugen Jehovas bleiben oft Jahrzehnte von den Leistungen des Staates ausgeschlossen. Erst nach unzähligen Protesten, politischen Kämpfen und Gesetzesnovellen erhalten auch sie nach und nach Zugang zu Sozialhilfen und Renten. Viele der Überlebenden werden erst durch den 1995 eingerichteten Nationalfonds entschädigt.[144] Rosa Jochmann spricht noch im hohen Alter als Zeitzeugin zu Schülerinnen und Schülern und erhebt ihre Stimme auf Demonstrationen gegen Rassismus und Rechtsextremismus. Am 23. Jänner 1993 bringt sie ihre Betroffenheit angesichts des von der Freiheitlichen Partei Österreichs (FPÖ) geplanten Anti-Aus-

143 Rosa Jochmann in: Stenographisches Protokoll 37. Sitzung des NR V GP vom 9. Dezember 1946: 995–998

144 Mehr siehe: Webseite Demokratiezentrum: http://www.demokratiezentrum.org/index.php?id=1101

länder-Volksbegehrens zum Ausdruck: „(...) Es ist für mich erschreckend und beschämend, dass in der heutigen Zeit rechtsextreme und faschistische Tendenzen wieder gesellschaftsfähig werden."[145] Rosa Jochmann stirbt am 28. Jänner 1994 im Alter von 93 Jahren.

145 Rosa Jochmann in: VGA, Jochmann, 3&4, 2008: 12

Wiederaufbau und Proporz

Die Zeit des Wiederaufbaus nach dem Zweiten Weltkrieg ist eine Zeit der Umdeutungen, der Verleugnung von Schuld und des bleiernen Schweigens. Gestützt auf die Moskauer Deklaration vom 30. Oktober 1943 der Außenminister Großbritanniens, der USA und der Sowjetunion[146] gilt das offizielle Österreich durch den „Anschluss“ als erstes Opfer des Nationalsozialismus. Gegenüber den Alliierten, die Österreich bis 1955 kontrollieren und besetzt halten, versuchen sich zahlreiche Täter und Täterinnen als harmlose Mitläufer und Mitläuferinnen, Widerstandskämpfer und -kämpferinnen oder gar als Opfer auszugeben. Vor den Volksgerichten[147] präsentieren ehemalige Nationalsozialisten und Nationalsozialistinnen ihre tatsächliche Rolle im System als unbedeutend und versuchen als Minderbelastete einer Strafe zu entgehen. Trotz zahlreicher Verurteilungen durch die Volksgerichte verliert der Versuch einer Entnazifizierung in Österreich bald an Dynamik

146 Großbritannien: Anthony Eden, USA: Cordell Hull, Sowjetunion: Wjatscheslaw Molotow

147 „Die österreichischen „Volksgerichte“ zur Untersuchung und Ahndung nationalsozialistischer Verbrechen bestanden von 1945 bis 1955 bei den Landesgerichten am Sitz der Oberlandesgerichte (Wien, Graz, Linz, Innsbruck). Ein Volksgericht setzte sich aus zwei Berufs- und drei Laienrichtern zusammen. Gegen 136.829 Personen wurden Volksgerichtsverfahren eingeleitet. Davon wurden 23.477 mit einem Urteil abgeschlossen.“ Aus: Die Verfahren vor dem Volksgericht Wien (1945-1955) als Geschichtsquelle, Abschlußbericht des vom Fonds zur Förderung der wissenschaftlichen Forchung finanzierten Forschungsprojekts des DÖW, Juli 1996. https://www.doew.at/cms/download/3qf8r/projekt_vg_wien.pdf, 22.12.2018

und kommt nach Abzug der Alliierten fast völlig zum Erliegen. Stattdessen beginnen die beiden Großparteien SPÖ[148] und OVP[149] mit der Wiederzulassung ehemaliger NSDAP-Mitglieder zu den Wahlen 1949 um deren Stimmen zu „buhlen".[150] Im Zuge dessen werden 1955 der „allergrößte Teil der von den Volksgerichten verurteilten Personen als Folge der Interventionen der politischen Parteien und kirchlichen Würdenträger sowie des persönlichen Engagements von Regierungsmitgliedern"[151] begnadigt. Zwei Jahre später am 14. März 1957 werden weitere verurteilte, ehemalige Nationalsozialisten rehabilitiert.[152]

Der Nachkriegsdiskurs über die Zeit zwischen 1939 und 1945 wird zunehmend von ehemaligen NSDAP-Mitgliedern und der so genannten Kriegsgeneration dominiert, so dass kaum von tatsächlicher Vergangenheitsbewältigung in Österreich gesprochen werden kann.[153] In diesem Zusammenhang ist auch die Stilisierung der „Trümmerfrauen" als Heldinnen des Wiederaufbaus zu sehen, die gerne unterschlägt, dass viele dieser Frauen als ehemals aktive Nationalsozialistinnen von den Alliierten zu Strafarbeitseinsätzen in Form von Aufräumarbeiten gezwungen werden.

148 1945 als Sozialistische Partei Österreich wiederbegründet

149 In ideologischer Abgrenzung zu ihrer Vorläuferpartei, der Christlichsozialen Partei (CSP)

150 Vgl. Wolfgang Neugebauer 2015: 315

151 Winfried R. Garscha, Claudia Kuretsidis-Haider: Justizielle „Diktaturfolgenbewältigung" in Österreich nach 1945. Unterschiede und Gemeinsamkeiten im Vergleich zu Westdeutschland, In: Dokumentationsarchiv des österreichischen Widerstandes (Hrsg.), Forschungen zum Nationalsozialismus und dessen Nachwirkungen in Österreich. Festschrift für Brigitte Bailer, Wien 2012:229f, https://www.doew.at/cms/download/30c7n/bb_garscha_kuretsidis.pdf

152 ebd. S. 226

153 Vgl. Wolfgang Neugebauer ebd.

Die anderen Frauen beteiligen sich an der schweren Arbeit in den kriegszerstörten Städten, um Lebensmittelmarken zu erhalten. Sie melden sich freiwillig und sichern damit sich und ihren Kindern das Überleben.

Zurück an den Herd

Mit fortschreitender Normalisierung der Verhältnisse übernehmen die heimkehrenden Männer die Ernährer-Rolle. Einmal mehr werden die Frauen an den Herd verwiesen. Zeitungen veröffentlichen Anleitungen für die „gute Ehefrau und Mutter". Das neue Medium Fernsehen präsentiert Kochkurse. Kinder, Küche, Kirche sind die zugewiesenen Bereiche der Frauen der 1950er Jahre. Die bürgerliche Kleinfamilie mit dem Mann als Familienoberhaupt und Alleinverdiener soll wieder hergestellt werden. Im weit verbreiteten Bedürfnis nach Normalität greift die Restauration patriarchaler bürgerlicher Familienmodelle. Die Rekonstruktion der heilen Welt im Privaten scheint zunächst gelungen.

Gründungsväter und Proporz

Auch das offizielle Österreich versucht sich in demonstrativer Eintracht. Die wieder begründeten Parteien SPÖ[154], ÖVP[155] und KPÖ[156] bilden nach Kriegsende die Provisorische Regierung unter Karl Renner (1870–1950), SPÖ, mit dem Bekenntnis zur Wiederherstellung der demokratischen Republik „im Geiste der Verfassung von 1920".[157] Unter Leopold Figl (1902–1965), ÖVP, arbeitet die erste gewählte Nachkriegsregierung. Auch dieser „Konzentra-

154 Partei der Sozialdemokraten als „Sozialistische Partei Österreichs"

155 Partei der Christlichsozialen als „Österreichisches Volkspartei"

156 Partei der Kommunisten als „Kommunstische Partei Österreichs"

157 Österreichisches Parlament: https://www.parlament.gv.at/PERK/HIS/REP2/1945/

tionsregierung" gehören KPÖ und SPÖ an, trotz des eindeutigen Wahlsieges der ÖVP, der eine Alleinregierung ermöglicht hätte. Politischen Polarisierungen wie in der Zwischenkriegszeit sollte kein Raum gegeben werden. Die Kommunistische Partei (KPÖ) ist mit einem Minister Teil der Regierung, scheidet 1947 jedoch im Streit aus dem Kabinett aus und wird im Klima des Kalten Krieges politisch zunehmend ausgegrenzt.[158]

Die beiden Großparteien sind kaum an Geschichtsaufarbeitung interessiert. Ab der zweiten Regierung unter Figl von 1949 bis 1952 stimmen SPÖ und ÖVP darin überein, dass Schuldfragen und Mittäter- wie Mittäterinnenschaft nicht öffentlich diskutiert werden, um den Koalitionsfrieden nicht zu gefährden. Viel wichtiger scheint es, die Geschichte des Bürgerkrieges und des offenen Klassenkampfs nicht zu wiederholen. Mit Proporzsystem und Sozialpartnerschaft, im Versuch über ideologische Unterschiede hinweg Politik zu gestalten, wird zusammengearbeitet. SPÖ und ÖVP teilen sich Macht und Einfluss unter strenger gegenseitiger Kontrolle, indem sie Staatsbeamten an den wichtigen Schlüsselpositionen der Ministerien einen „Aufpasser" der jeweils anderen Partei „beistellen". Das derart hergestellte Machtgleichgewicht ist bald in allen gesellschaftlichen Bereichen zu finden und führt zu „verständlichem Opportunismus"[159], der viele Menschen dazu bewegt, sich der einen oder der anderen Partei anschließen. Auch wenn mit diesen offiziellen und inoffiziellen Übereinkünften der soziale Friede gewahrt bleibt und es kaum zu Streiks, Demonstrationen und Auseinandersetzungen auf der Straße kommt, wird das

158 Dokumentationsarchiv des österreichischen Widerstandes (Hrsg.), Forschungen zum Nationalsozialismus und dessen Nachwirkungen in Österreich. Festschrift für Brigitte Bailer, Wien 2012:229f, https://www.doew.at/cms/download/30c7n/bb_garscha_kuretsidis.pdf

159 Peter Malina, Historiker in: „Das brüchige Fundament", Fernseh-Dokumentation 3sat von Wolfgang Stickler, 2012

Proporzsystem, verbunden mit der unaufgearbeiteten NS-Geschichte, bald als Hemmnis für gesellschaftliche Weiterentwicklung und Ausbau demokratischer Strukturen kritisiert.

Politikerinnen der Zweiten Republik

Auf einen Ausgleich der Geschlechter in der Regierungsbeteiligung und Gestaltung der Gesellschaft, ähnlich des Proporzes bei den Parteien, wird von den „Gründervätern" der Zweiten Republik nicht geachtet. Obwohl Frauen aufgrund der Kriegsfolgen zwei Drittel der Wahlberechtigten stellen, bleiben sie unbeachtet und mit weniger als 6 % der Abgeordneten unterrepräsentiert. Die einflussreichen Verbände der Sozialpartnerschaft im Nachkriegsösterreich (Wirtschaftskammer, Arbeiterkammer, Gewerkschaftsbund und Landwirtschaftskammer) verweigern Frauen ebenfalls den Zugang zu Politikgestaltung.

Die erste Frau in einer österreichischen demokratischen Regierung ist als Unterstaatssekretärin für Volksernährung nur acht Monate im Amt. Helene Postranecky (1903–1995), KPÖ, wird von ihrem Parteigenossen und Staatssekretär der Provisorischen Regierung Johann Koplenig (1891–1968) ins Amt geholt. Nach den ersten Wahlen am 25. November 1945 legt sie ihr Amt wieder zurück. In der ersten gewählten Regierung sind 9 von 165 Abgeordneten im Nationalrat Frauen (5,45 %)[160]. Der Frauenanteil im Parlament beträgt in den nächsten 30 Jahren von 1945 bis 1975 zwischen 5 und 6 %. 1986 überspringt der Frauenanteil die Zehn-Prozent-Marke und 1994 stellen Frauen erstmals 20 % der Natio-

160 Gabriele Proft zieht als einzige Abgeordnete, die schon in der Ersten Republik Mandatarin des Nationalrats war, wieder in das Parlament ein. Mit ihr ist von Seiten der SPÖ auch Rosa Jochmann Abgeordnete. Auf ÖVP-Seite ziehen u.a. Nadine Paunovic (1903–1981) und Frieda Mikola (1881–1958) ein.

nalratsabgeordneten. Mit der Regierungsangelobung von 2017 erreicht der Frauenanteil einen historischen Höhepunkt von 34,43 %. Von der Repräsentation der weiblichen Bevölkerung entsprechend ihres tatsächlichen Anteils in der Gesellschaft mit 51,1 %[161] sind Frauen auch heute noch weit entfernt.

Die erste Ministerin

Erst 21 Jahre nach der ersten Regierungsbildung der Zweiten Republik erhält 1966 mit Grete Rehor (1910–1987), ÖVP, erstmals eine Frau ein Ministeramt. „Eine ehemalige Textilarbeiterin, Kriegswitwe, Gewerkschaftsfunktionärin, erprobte Parlamentarierin,

jahrzehntelanges Mitglied des Sozialausschusses – eine Wienerin mit Charme, Witz und Schlagfertigkeit. Sie war die beste Lösung!“[162] – mit diesen Worten präsentiert Bundeskanzler Josef Klaus (1919–2001) die erste Ministerin Österreichs. Sie selbst kommentiert ihre Berufung realpolitisch: „Es ist wichtig und richtig, wenn Frauen auch in höchste Positionen vordringen. Dies entspricht nicht nur der Bevölkerungs- und Beschäftigungs-, sondern auch der Wählerstruktur.“[163] Nach einer von Armut geprägten Kindheit und Jugend bringt die erste Ministerin ein ausgeprägtes Bewusstsein für Sozialpolitik mit. Obwohl sie als junge Frau 1930 in ihrem Beitrag „Frauenarbeit und christliche Gewerkschaften“ für Käthe Leichters „Handbuch der Frauenarbeit“[164] noch über weib-

161 Statistik Austria 2015

162 Zit. in: Die Presse, Print-Ausgabe, 16.06.2012

163 Zit. in: Feigl, Susanne: Politikerinnen in Wien. 1848–2000. Biographien. Eine Publikation des Frauenbüros der Stadt Wien (MA 57), Wien 2000: 46

164 Kammer für Arbeiter und Angestellte in Wien (Hg.): Handbuch der Frauenarbeit, Redaktion Dr. Käthe Leichter, Druck Carl Ueberreuter, Wien, 1930

liche Berufstätigkeit als „Gefahr für das ganze Volk“[165] schreibt, richtet sie 1966 als Ministerin eine eigene Frauenabteilung im Sozialministerium ein, um die berufliche Situation von Frauen verbessern zu können und fordert gleichen Lohn für gleiche Arbeit. Grete Rehor setzt die Anhebung um ein Viertel des Karenzgeldanspruchs für Mütter durch und kann die mindeste Mutterschutzfrist auf zwölf Wochen erweitern. Während ihrer Amtszeit gelingt es ihr, das Sozialbudget der Regierung von 9,7 auf 16 (!) Milliarden Schilling anzuheben. Die realen Pensionszahlungen steigen unter ihrer Ägide um 22 %. In der Bevölkerung erhält sie für ihre engagierte Sozialpolitik den Beinamen „schwarze Kommunistin“. Innerparteilich erntet sie für ihre konsensorientierte Haltung, der gegnerischen Partei SPÖ gegenüber, scharfe Kritik. Mit der Wahlniederlage ihrer Partei 1970 legt sie ihr Amt und Nationalratsmandat zurück und engagiert sich als Bundesfrauenreferentin des ÖAAB[166]. 1969 erhält Grete Rehor als erste Frau das „Große Goldene Ehrenzeichen am Bande für Verdienste um die Republik Österreich“ in Würdigung ihrer außergewöhnlichen Sozialpolitik.

Aufbruch in eine moderne Gesellschaft

In den 1960er Jahren, der Amtszeit von Grete Rehor, beginnt in der Gesellschaft die Fassade des Familien- und Eheglücks der Fünfzigerjahre zu bröckeln. Die kleinbürgerliche, autoritäre und auch gewalttätige Struktur vieler Familien wird sichtbar. Das Wirtschaftswunder mit seiner schönen, neuen Warenwelt, die romantischen Sissi- und Heimatfilme, die Operetten-Seligkeit und die leichte Schlagermusik können nicht darüber hinwegtäuschen, dass

165 Zit. in: Feigl, Susanne: Politikerinnen in Wien. 1848–2000. Biographien. Eine Publikation des Frauenbüros der Stadt Wien (MA 57), Wien, 2000: 46

166 Österreichischer Arbeitnehmerinnen- und Arbeitnehmerbund, Arbeitnehmer_innen-Organisation der ÖVP

Grete Rehor (1910–1987), Erste Bundesministerin für soziale Verwaltung

Gewalt in der Familie an der Tagesordnung ist. Das Schweigen über die Erfahrungen der NS-Zeit kann nur unter größtem Druck aufrecht erhalten werden, der sich in autoritärer oder überängstlicher Erziehung entlädt. Erleben die einen regelmäßig Gewaltexzesse mit Prügelstrafen durch kriegstraumatisierte Väter und Mütter, leben andere unter dem Druck der Angst. Sie werden von ihren Eltern angehalten, nicht aufzufallen oder über die Zugehörigkeit ihrer Eltern zur jeweiligen Opfergruppe in der NS-Zeit zu sprechen. Auch in den Kindergärten, Schulen, Erziehungsheimen und Internaten ist Erziehung noch von nationalsozialistischem Gedankengut, Unterwerfungsideologien und bedingungslosem Gehorsam geprägt.

Es sind schließlich die Jugendlichen und Studierenden der 1968er-Generation, die den Ausbruch aus dem Schweigen und den autoritären Strukturen der Nachkriegsgesellschaft wagen. Zündfunken für Österreich sind die Studentenrevolten in Frankreich und Deutschland und die Frauen- und Friedensdemonstrationen in den USA.

Mein Bauch gehört mir

Am 7. Mai 1971 ziehen die ersten Frauen mit Kochtöpfen und Kochlöffeln lärmend über die Mariahilfer Straße und fordern erneut die Abschaffung des § 144 und Gleichberechtigung der Geschlechter. Im Nachbarland Deutschland sorgt zur selben Zeit die Zeitschrift „Stern" für Aufregung mit der Schlagzeile „Ich habe abgetrieben". 374 Frauen, darunter die Schauspielerinnen Romy Schneider und Inge Meysels, unterschreiben die Kampagne „Ich habe abgetrieben und fordere das Recht für jede Frau dazu!". Initiiert wurde sie von Alice Schwarzer (geb. 1942), die damit eine ähnliche, erstmals in Frankreich gestartete Kampagne, erfolgreich wiederholt.

In Wien kommt es am 9. Dezember 1972 zu einer weiteren Aufsehen erregenden Frauendemonstration mit der Forderung nach Straffreiheit für Abtreibung:

130 Frauen ziehen die Straße entlang, begleitet von einem „Schandkarren", in dem eine Frau steht. Drei Männer, gekleidet als Priester, Jurist und Arzt sollen auf die Berufsgruppen verweisen, die von den protestierenden Frauen als Verantwortliche für die strafrechtliche Verfolgung von Frauen nach einem Schwangerschaftsabbruch gesehen werden. Erika Mis-Swoboda, Künstlerin und Performerin im „Schandkarren", greift am Ende ihrer Performance zu einer Axt, zerstört den Käfig und verteilt Flugblätter, in denen sie Frauen aufruft, sich gegen Bevormundungen zu wehren und sich zu befreien. Die Frauen nehmen den Aufruf ernst. Zahlreiche Frauengruppen entstehen, der Zustrom vor allem junger Frauen ist groß. Unerwartet viele folgen einer Einladung zu einer Diskussionsveranstaltung der „Aktion unabhängiger Frauen" (AUF) am

106

Erika Mis-Swoboda im „Schandkarren" während einer Demonstration für die Straffreiheit des Schwangerschaftsabbruchs in Wien-Mariahilf, 1972

4. November 1972. Im Anschluss daran werden aktionistische Gruppen gegründet, die gemeinsam mit anderen Frauengruppen, die sich mittlerweile auch an Volkshochschulen, Universitäten und in privat organisierten Kollektiven und Wohngemeinschaften gebildet hatten, alle gesellschaftlichen Bereiche hinterfragen. Sie kritisieren Macht- und Gewaltverhältnisse in den Familien, wehren sich gegen die Bevormundung einer frauenverachtenden Medizin und Gynäkologie, kämpfen für Sexualaufklärung, selbstbestimmte Empfängnisverhütung, für Schwangerschaftsabbruch und natürliche Hausgeburten begleitet von freien Hebammen.

„Mein Bauch gehört mir!" und „Ob Kinder oder keine, entscheiden wir alleine!" sind die kämpferischen Slogans der Frauen. Auch ungerechte Bezahlung und Diskriminierung am Arbeitsplatz werden diskutiert. Die gesellschaftliche wie rechtliche Benachtei-

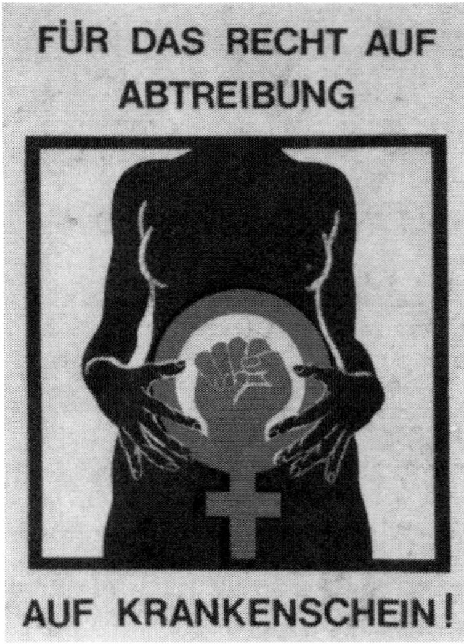

Flugblatt des Komitees „Selbstbestimmung der Frau" aus dem Jahr 1973

ligung unehelicher Kinder ist erneut Thema. Die Feministinnen der Zweiten Frauenbewegung beschäftigen sich mit Frauengeschichte, auf der Suche nach neuen Vorbildern und entdecken Christine de Pizan, Olympe de Goughes und Simone de Beauvoir neu. Sie kritisieren Medien und schaffen Gegen-Öffentlichkeiten mit selbstproduzierten Dokumentationen, Filmen, neugegründeten Zeitungen[167], Verlagen und Buchhandlungen.

167 Die feministische Zeitschrift AUF ist die älteste, deutschsprachige Frauenzeitschrift – älter als die „Emma" in Deutschland.

Das Private ist politisch – Aufbruch in eine moderne Gesellschaft

Erstmals erheben Frauen sichtbar und hörbar ihre Stimmen: Das Private ist politisch – diese Erkenntnis gewann immer mehr an Boden und hatte Konsequenzen. Erzogen zu braven Mädchen, die sich in braven Worten äußerten, wenn sie gefragt wurden, die, sofern überhaupt, nur verdeckt Widerstand leisteten, die sich entzogen und schwiegen, die vor der lähmenden Wirklichkeit in Träume flüchteten – diese Mädchen, inzwischen junge Frauen, wurden plötzlich laut. Sie beanspruchten, gehört zu werden, sie nahmen sich Raum, sie ließen ihre Phantasie spielen und zeigten ihren Mut. Konfrontiert mit Irritation, Verstörung, Aggression, aber auch Begeisterung, die sie auslösten, wurden sie noch lauter. Mit Verkleidungen, Schminke, schrägen Sprüchen und Transparenten nahmen Demonstrationen zunehmend Züge von Performance an. Auf der Flucht nach einer Störaktion in einem Kaufhaus hängten die Frauen die Security Guards ab. Als Hexen geschminkt und verkleidet zogen sie laut skandierend durch die Walpurgisnacht. Gemeinsam mit ihren Kindern blockierten sie die Ringstraße. Zum Ärgernis vieler Genossen nahmen sie die 1. Mai Demonstration zum Anlass, Folder über den klitoralen Orgasmus zu verteilen. Woher kam diese plötzliche, radikale Veränderung? (…) Die lebenslange Erfahrung einer behaupteten Minderwertigkeit (…) wich dem bisher ungeahnten Gefühl: Ich bin wichtig. Wir sind wichtig. Wir sind es wert, gehört zu werden. Und: Ich bin nicht allein.

> Ich bin nicht die Einzige, die unter der mir zugewiesenen Rolle leidet. Und: Es liegt nicht (nur) an mir, wenn ich unzufrieden und unglücklich bin. Vertrauen und Solidarität entstanden wie im Flug.[168]

Die Aktivistinnen der ersten Stunde der Zweiten Frauenbewegung wehren sich gegen Vorstellungen von Unterdrückung und Benachteiligung als Schicksal.

In den geschützten Räumen der neu entstandenen Frauengruppen kann erstmals über Traumatisierungen durch sexuellen Missbrauch, Vergewaltigung und häusliche Gewalt gesprochen werden. Die Frauen erkennen in diesen Gesprächen, dass sie nicht die einzigen Betroffenen von Gewalt sind, und wie sehr die als individuell erlebten Erfahrungen gesellschaftlich bedingt sind. Sie sehen dringenden Handlungsbedarf und gründen umgehend Kollektive zur Unterstützung von ungewollt schwangeren, geschlagenen oder vergewaltigten Frauen.

Am 27. April 1978 findet die Gründungsversammlung des ersten Frauenhaus-Vereins statt. Mit Unterstützung der neu berufenen Frauenstaatssekretärin Johanna Dohnal (1939–2010) kann schon wenige Monate später eine Anlaufstelle für misshandelte Frauen eröffnet werden. „Hoffentlich kommen Frauen, sonst kann ich mein Mandat zurück legen“[169], kommentiert Johanna Dohnal ihr politisches Risiko, das sie mit der Unterstützung dieser Initiative eingeht.

168 Kratz, Käthe; Trallori, Lisbeth N.: Liebe, Macht und Abenteuer. Zur Geschichte der Neuen Frauenbewegung in Wien, Promedia Verlag, Wien, 2013: 84–85

169 Zit. in: Ein Blick zurück. Die Anfänge der Frauenhausbewegung in Österreich. Ein Film von Heidi Clementi, Magdalena Kranzelmayer, 2003

Gewaltschutz

Kurz nach der Eröffnung zeigt sich, wie groß der Bedarf an Unterstützung ist: Im Dezember des Gründungsjahres suchen 72 Frauen mit ihren Kindern Hilfe und Schutz vor ihren gewalttätigen Lebenspartnern. In der täglichen Arbeit erfahren die Gründerinnen des Frauenhauses, dass die Realität der Betroffenen oft noch härter ist, als sie angenommen hatten und Gewalt in der Familie ein Phänomen aller sozialen Schichten ist. Die Frauenhaus-Mitarbeiterinnen begleiten die Betroffenen zu Polizei und Jugendamt, wehren gewalttätige Männer ab und sind mit Grenzen behördlicher Zuständigkeiten, aber auch den Grenzen gesetzlicher Möglichkeiten konfrontiert. Bald wird deutlich, dass es dringend neuer gesellschaftlicher und gesetzlicher Rahmenbedingungen bedarf, um häuslicher Gewalt effektiv begegnen zu können. Die Frauenhaus-Frauen fordern einschlägige Schulungen von Polizeibeamten[170], die meist erste Kontaktpersonen für bedrohte oder misshandelte Frauen sind. Sie sensibilisieren mit ihrer kontinuierlichen und konsequent parteilich auf der Seite der Betroffenen stehenden Arbeit alle mit dem Thema befassten Behörden. Es gelingt schließlich, die geforderten Schulungen mit Exekutivbeamten durchzusetzen. Die Forderung nach neuen Gesetzen zum Schutz von Frauen und Kindern wird ebenfalls erfüllt. In einem besonders vorbildlichen Gesetzwerdungsprozess wird gemeinsam mit allen Expertinnen und Experten aus Polizei, Justiz und der Frauenhaus-Bewegung das bisher fortschrittlichste Gewaltschutzgesetz weltweit erarbeitet. Fast zwanzig Jahre nach der Gründung des ersten Frauenhauses in Wien tritt das Gesetz 1997 in Kraft. Tausenden Frauen kann damit Schutz und Beratung gewährt werden.

170 Erst ab 1991 werden Polizistinnen zu allen Einsatzbereichen zugelassen, daher an dieser Stelle in Abbildung der damaligen Realität nur die Erwähnung der männlichen Exekutivbeamten.

Demonstration am Wiener Ring 1. Mai 1980

Trotz regelmäßiger Aufklärungskampagnen und der Tabuisierung von Gewalt bleibt der Bedarf an Plätzen in Frauenhäusern unverändert hoch: 2017 gibt es in Österreich 30 Frauenhäuser mit insgesamt 766 Plätzen. 90 Plätze fehlen noch, um entsprechend der Empfehlung des Europäischen Parlaments, einen Platz pro 10.000 Einwohnerinnen und Einwohnern einrichten zu können. Häusliche und sexualisierte Gewalt bleiben trotz aller Bemühungen der Frauenbewegung weit verbreitet. Die Zahlen der Österreichischen Prävalenzstudie „Gewalt in der Familie und im nahen sozialen Umfeld" aus dem Jahr 2011 mit 2300 befragten Personen im Alter zwischen 16 und 60 Jahren sprechen für sich: Drei Viertel der Frauen (74,2 %) wurden im Erwachsenenalter schon einmal sexuell belästigt. Über sexuelle Gewalt berichten 29,5 % der Frauen.[171]

171 Österreichisches Institut für Familienforschung an der Universität Wien: Gewalt in der Familie und im nahen sozialen Umfeld. Österreichische Prävalenzstudie zur Gewalt an Frauen und Männern, Wien, 2011: 7–8

2014 veröffentlicht die EU-Grundrechtsagentur die weltweit bisher umfassendste Erhebung über Gender-Gewalt mit 42.000 befragten Frauen im Alter zwischen 18 und 74 Jahren aus ganz Europa: 33 % aller Frauen in der EU haben seit ihrem 15. Lebensjahr körperliche und / oder sexuelle Gewalt erfahren.[172] Angesichts dieser Zahlen ruft die Grundrechtsagentur alle EU-Länder zur Ratifizierung der Istanbul-Konvention[173] zur Verhütung und Bekämpfung von Gewalt gegen Frauen und häuslicher Gewalt auf. Am 1. August 2014 tritt dieses „Übereinkommen des Europarats zur Verhütung und Bekämpfung von Gewalt gegen Frauen und häuslicher Gewalt" in Kraft. Die Konvention gilt als das

wichtigste Rechtsinstrument gegen Gewalt an Frauen in Europa und schafft verbindliche Rechtsnormen gegen Gewalt an Frauen und häusliche Gewalt. Die umfassenden Maßnahmen schließen die Bereiche Prävention, Betreuung und Hilfe, Rechtsschutz sowie zivil- und strafrechtliche Verfahren ein. Österreich hat bereits unterzeichnet – Dank der engagierten Frauenhaus-Bewegung.[174] [175]

172 European Union Agency for Fundamental Rights (FRA): Violence against women: an EU-wide survey, Luxemburg, 2014. Zum Download in deutscher Sprache unter: http://fra.europa.eu/de/publication/2014/gewalt-gegen-frauen-eine-eu-weite-erhebung-ergebnisse-auf-einen-blick

173 Übereinkommen und erläuternder Bericht als PDF zum Download unter: http://www.aoef.at/index.php/istanbulkonvention

174 Mehr Information unter: Autonome Österreichische Frauenhäuser: http://www.aoef.at/ und Women against violence Europe (WAVE), www.wave-network.org

175 2018 beendet die Regierungskoalition ÖVP/FPÖ das in der Gewaltprävention bewährte Projekt der Marac-Konferenzen (Multi-Agency Risk Assessment Conference). In Fallkonferenzen beraten Expertinnen und Experten der Gewaltinterventionsstellen, der Polizei und aus der Justiz über den Umgang mit besonders aggressiven Männern. Förderungen für Polizeischulungen zum Thema häusliche Gewalt werden gestrichen. Die

Gewaltfreie Erziehung

Schutz vor väterlicher Gewalt und gewaltfreie Erziehung von Kindern, ohne Zwang, Drill und Zurichtung wird für die jungen Mütter der Zweiten Frauenbewegung zum politischen Lebensentwurf. Selbst- und Mitbestimmung von klein auf stehen im Mittelpunkt und sollen in verständnisvoller Atmosphäre geübt und gelernt werden. Liebevolle, antiautoritäre Erziehung, die auf die Bedürfnisse der Kinder eingeht und deren individuelle Fähigkeiten fördert, wird zum Ideal. Den autoritär geführten, staatlichen Kindergärten wird die Umsetzung einer modernen, alternativen Kindergartenpädagogik nicht zugetraut. Die jungen Eltern ermächtigen sich auch in diesem Bereich selbst und gründen eigene, selbstverwaltete Alternativ-Kindergruppen, in denen erstmals Väter mitbetreuen, kochen und putzen. An den Elternabenden werden neue pädagogische Konzepte diskutiert, Arbeitsteilung in Überwindung der traditionellen Geschlechtergrenzen versucht und an Elternabenden Demokratie geübt. Beeinflusst von verschiedenen pädagogischen Ansätzen (Summerhill, Freinet, Wild, Montessori) wird viel experimentiert, versucht und verworfen. Die Erfolge dieser Experimente finden einige Jahre später Eingang in das etablierte System der staatlichen oder konfessionellen Kindergärten und Volksschulen. Kleinere Gruppengrößen, Mitsprache der Kinder von frühestem Alter an, Verzicht auf körperliche und verbale Gewalt im Umgang mit Kindern und Kritik an geschlechtsspezifischer Kindererziehung werden bald auch Themen in den etablierten Kinderbetreuungseinrichtungen und zunehmend als Grundvoraussetzung für ein friedliches, demokratisches Miteinander in einer vielfältigen Gesellschaft gesehen.

Maßnahmen werden von allen Seiten als dramatischen Rückschritt gewertet.

Demonstration am Wiener Ring in den 1980er Jahren

Doing Gender und Pädagogik

1975 wird Koedukation in allen öffentlichen Schulen eingeführt.[176] Emanzipation soll im gemeinsamen Alltag geübt werden. Bald zeigt sich jedoch, dass täglich eingeübte, ständig wiederholte, geschlechtsspezifische Verhaltensformen nicht durch das bloße Miteinander der Geschlechter verändert werden können.

Die in diesen Jahren vielzitierte Fallstudie „Agnes" von Harold Garfinkel über Erfahrungen der „Mann-zu-Frau-Transsexuellen" Agnes zeigt, wie stark Geschlecht sozial bedingt ist. Auch die Soziologen Candace West und Don H. Zimmerman vertreten, gemeinsam mit Wissenschafterinnen und Wissenschaftern aus

176 Die Trennung der Geschlechter in Mädchen- und Bubenschulen wird nach und nach auch in privaten und konfessionellen Schulen aufgehoben.

anderen Disziplinen, die Auffassung, dass Geschlecht immer wieder neu konstruiert, hergestellt und verfestigt wird. Sie führen in einem vielbeachteten Artikel[177] 1987 zur Beschreibung dieser Prozesse den Begriff „Doing Gender" ein und beschreiben damit, dass Frauen und Männer einander durch Sprechen und Handeln ununterbrochen bestimmte Eigenschaften zuordnen, diese ständig wiederholen und damit die behauptete Differenz zwischen den Geschlechtern täglich neu verfestigen. Um sich gegenseitig der Zugehörigkeit zu einem Geschlecht zu versichern, werden unterschiedliche Ausdrucksmittel zur (Selbst-)Darstellung und der dazugehörigen Identität verwendet: Kleidung, Haartracht, bestimmte Gegenstände, Körperhaltungen und Sprachformen. „Doing Gender" beginnt schon im Säuglingsalter mit rosa und hellblauer Kleidung, unterschiedlichen Stimmlagen, in denen Kinder angesprochen werden (hohe Stimmlage für Mädchen, tiefe Stimmlage für Buben), oder der Auswahl der zur Verfügung gestellten Spielsachen. Derart (auch unbewusst) gelerntes Rollenverhalten lässt sich nicht schnell verändern und ablegen, so der Schluss der Forscherinnen und Forscher.

1986 gründen anhand dieser Erkenntnisse engagierte Pädagoginnen in Wien den „Verein Efeu – Zur Erarbeitung feministischer Erziehungs- und Unterrichtsmodelle in Wien"[178], um geschlechtersensible Kinderbetreuung und Erziehung zu unterstützen. Für beide Geschlechter werden gezielte Angebote entwickelt, um vorgeformte Rollen spielerisch überschreiten zu können. Nur ein Jahr später wird der „Verein Sprungbrett zur Förderung

177 Candace West, Don H. Zimmerman: Doing Gender. In: Gender and Society. Band 1, Nr. 2, 1987: 125–151, (Volltext, PDF-Datei, 818 KB, zuletzt abgerufen am 03.02.2018).

178 Webseite Verein Efeu, Verein zur Erarbeitung feministischer Erziehungs- und Unterrichtsmodelle, http://www.efeu.or.at/

nicht-traditioneller Berufsentscheidungen von Mädchen und Chancengleichheit zwischen Mann und Frau" gegründet, um Mädchen neue Möglichkeiten für ihr Berufsleben zu eröffnen.[179] Mit der Gründung und nachhaltigen Etablierung dieser und vieler anderer Beratungsstellen beginnt die Zeit der Institutionalisierung der Zweiten Frauenbewegung.

179 Webseite Verein Sprungbrett http://sprungbrett.or.at/

„Staatsfeminismus" und Zweite Frauenbewegung

Der Aufbruch der Frauenbewegung mit ihren zahlreichen Forderungen sensibilisiert auch Frauen und Männer in den Regierungsparteien, allen voran Johanna Dohnal, SPÖ. Während der heftigen Debatten rund um die Legalisierung des Schwangerschaftsabbruchs kommt sie in Kontakt mit feministischen Ansätzen und Gruppen und wird sich von diesem Moment an unermüdlich für Frauenrechte einsetzen. Sie bemüht sich dabei immer wieder, über ideologische Auffassungsunterschiede hinweg, autonome, konfessionelle und parteipolitisch aktive Frauengruppen an einen Tisch zu bringen, um die besten Lösungen für alle Frauen zu erarbeiten. Die Kooperationen sind streitbar, aber von großen Erfolgen gekrönt. Gefördert und unterstützt wird Johanna Dohnal in den 1970er Jahren von Bundeskanzler Bruno Kreisky (1911–1990), der die Meinung vertritt, „Frauen (sollen) das Regieren praktisch lernen"[180]. 1979 wird sie als Staatssekretärin für Frauenangelegenheiten von Bruno Kreisky ins Amt berufen.[181] Von 1990 bis 1995 kann Johanna Dohnal auf Regierungsebene die Interessen der weiblichen Bevölkerung als erste Frauenministerin Österreichs tatkräftig unterstützen. Bald ist sie gemeinsam mit der Frauenbe-

180 Rösslhumer, Maria; Appelt, Birgit: Hauptsache Frauen. Politikerinnen der Zweiten Republik, Styria Verlag, Graz u. a., 2001: 92

181 Gleichzeitig werden drei weitere Staatssekretärinnen berufen: Franziska Fast (1925–2003) für soziale Verwaltung, Beatrix Eypeltauer (geb. 1929) für Bauten und Technik und Anneliese Albrecht (geb. 1921) für Handel und Gewerbe.

Johanna Dohnal (1939-2010) Erste Frauenministerin Österreichs

wegung erfolgreich. Die Strategie, von zwei Seiten Druck auf die Verantwortlichen aufzubauen, mit Demonstrationen auf der Straße durch die autonome Frauenbewegung einerseits und Initiativen auf Regierungsebene andererseits, geht auf. Die rechtliche Emanzipation der Frauen in Österreich schreitet in großen Schritten voran. Zahlreiche, seit Jahrzehnten geforderte Maßnahmen werden in dieser Zeit durchgesetzt.

Große Erfolge

Schon im „Jahr der Frau", 1975 von den Vereinten Nationen (UNO) ausgerufen, treten die ersten Gesetze der Familienrechtsreform unter Justizminister Christian Broda (1916–1987), SPÖ, in Kraft. Die Vormachtstellung des Mannes als „Haupt der Familie" weicht endlich der lange geforderten, partnerschaftlich konzipierten, modernen Ehegesetzgebung. Auch Scheidung im gegenseitigen Einvernehmen wird möglich.[182] Im Kindschaftsrecht (Obsorge) werden Mutter und Vater gleichberechtigt, Kinderrechte werden gestärkt und die Situation der unehelichen Kinder wird verbessert.[183] 1974 wird mit Einführung des Mutter-Kind-Passes die Säuglingssterblichkeit auf nahezu Null gesenkt. Im selben Jahr wird das Mutterschutzgesetz erlassen. 1979 wird erstmals ein Gleichbehandlungsgesetz formuliert, um gegen die ungleiche Bezahlung von Frauen und Männern bei gleicher Qualifikation vorgehen zu können. Ein erster Schritt, wenngleich das Gesetz noch lange lückenhaft bleibt. Ein Verbot geschlechtsspezifischer Stellenausschreibungen, die gezielte Förderung und Weiterbildung von Frauen in Betrieben und die Ahndung von sexueller Belästigung am Arbeitsplatz werden nach und nach eingeführt. 1990 gelingt schließlich die Durchsetzung einer Anwaltschaft für Gleichbehandlungsfragen mit Ingrid Nikolay-Leitner als erster Anwältin zur Durchsetzung von mehr (Geschlechter-) Gerechtigkeit am Arbeitsplatz. Johanna Dohnal setzt sich für Unterricht in Kochen für Buben und Werken für Mädchen an den Hauptschulen ebenso ein, wie für den Schutz vor sexuellen Übergriffen an Frauen mit Behinderung. Die Aufnahme von Vergewaltigung in der Ehe als krimineller Tatbestand in das Strafgesetzbuch ist 1989 eine bedeutende Gesetzesänderung. Bis zu diesem Zeitpunkt gilt

182 Bundesgesetzblatt (BGBl) 1975/412

183 Bundesgesetzblatt (BGBl) 1970/342. Die volle rechtliche Gleichstellung von unehelichen mit ehelichen Kindern wird jedoch erst 1989 durchgesetzt. Ebenfalls erst in diesem Jahr wird das absolute Gewaltverbot in der Erziehung eingeführt: „Die Eltern haben bei ihren Anordnungen und deren Durchsetzung auf Alter, Entwicklung und Persönlichkeit des Kindes Bedacht zu nehmen; die Anwendung von Gewalt und die Zufügung körperlichen oder seelischen Leides sind unzulässig."

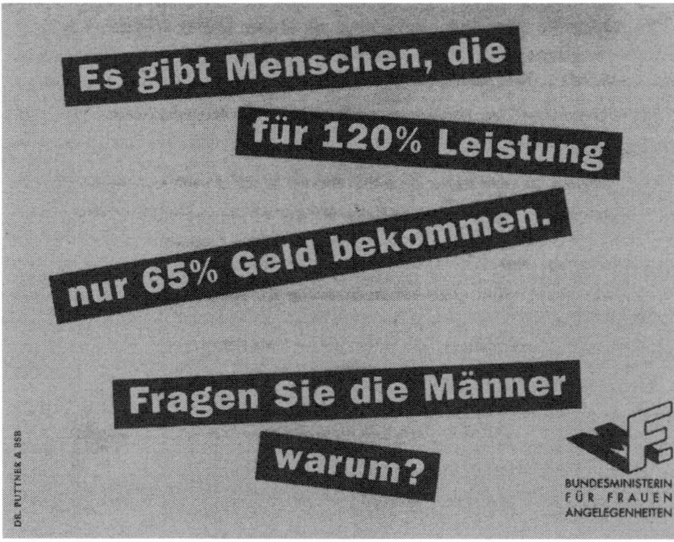

Kampagne des Bundesministeriums für Frauenangelegenheit zur Lohnschere, 1991

gewaltsamer Geschlechtsverkehr als verbrieftes Recht des Ehemannes. 1989 gelingt schließlich auch die vollständige, rechtliche Gleichstellung von unehelichen mit ehelichen Kindern. Die jahrhundertelange Diskriminierung meist alleinerziehender Mütter von unehelichen Kindern findet hiermit ein Ende. Als größten Erfolg der Frauenbewegung bezeichnet Johanna Dohnal die Durchsetzung der Fristenlösung, die der (Selbst-)Verletzung von Frauen durch unsachgemäße Schwangerschaftsabbrüche ein Ende setzt und sie zumindest teilweise entkriminalisiert.[184]

184 Schwangerschaftsabbruch steht nach wie vor im Strafgesetzbuch und ist lediglich durch eine Ausnahmeregelung teilweise legalisiert.

Ob Kinder oder keine, entscheiden wir alleine

Am 1. Januar 1975 tritt nach langen Kämpfen, zahlreichen Demonstrationen und heftigen Debatten gegen den Widerstand der Österreichischen Volkspartei (ÖVP) und der katholischen Kirche die Fristenlösung in Kraft.[185] Mit Beharrungsbeschluss durch die absolute SPÖ-Mehrheit mit 92 zu 89 Stimmen wird durchgesetzt, dass ungewollt Schwangere bis zum dritten Schwangerschaftsmonat einen Abbruch vornehmen lassen können, ohne dafür eine Gefängnisstrafe verbüßen zu müssen. Die hohe Müttersterblichkeit durch unsachgemäße Schwangerschaftsabbrüche[186] kann damit gesenkt werden. Zeitgleich mit der Durchsetzung der Straffreiheit des Schwangerschaftsabbruchs werden gesetzliche Verbesserungen für jene Frauen geschaffen, die sich für eine Mutterschaft entscheiden. 1975 wird die Geburtenbeihilfe um das Vierfache erhöht und 1976 ein Unterhaltsvorschussgesetz erlassen, das Frauen, deren Kindesväter keinen Unterhalt zahlen, von staatlicher Seite unterstützt. Damit sind verbesserte Rahmenbedingungen sowohl für Frauen, die ihre Kinder auch in einer schwierigen Situation bekommen wollen, als auch für jene, die sich gegen die Fortsetzung der Schwangerschaft entscheiden, verbessert. Die wichtigsten Maßnahmen zur Verringerung ungewollter Schwangerschaften werden jedoch nicht umgesetzt: Umfassende und leicht zugängliche Sexualaufklärung[187] für alle Altersgruppen und Verhütungsmittel auf Krankenschein. Die Forderung, Schwangerschaftsabbruch auf Krankenschein zu gewährleisten, um ärmere Frauen vor dem Risiko eines unsachgemäßen Abbruchs zu schüt-

185 §§ 96–97 Strafgesetzbuch (StGB)

186 Die Mehrzahl der Abbrüche wird nach wie vor von Frauen vorgenommen, die bereits Mütter sind.

187 Umfassende Information zu Verhütung und Schwangerschaftsabbruch bietet das Museum für Verhütung und Schwangerschaftsabbruch in Wien: http://de.muvs.org/

zen, stößt ebenfalls auf ungebrochen erbitterten Widerstand.[188] Das Anliegen, Schwangerschaftsabbruch aus dem Strafgesetzbuch zu nehmen, wird bis heute von nahezu allen Parteien abgelehnt.

Auch wenn diese Forderungen nicht erfüllt sind, muss doch festgehalten werden: Durch die Straffreiheit des Schwangerschaftsabbruchs in den ersten drei Monaten werden unzählige Frauenleben gerettet. Frauen, die heute eine ungewollte Schwangerschaft unterbrechen lassen, erleiden keine körperlichen Schäden mehr oder müssen nicht mit einer Gefängnisstrafe rechnen. In diesem Sinne ist die Fristenlösung ein besonderer Erfolg der Frauenbewegung.

Lebensformen außerhalb der traditionellen Familie

Um Reproduktions- und Familienrechte geht es auch in den Diskussionen rund um homosexuelle Lebensweisen, die im Zuge der sozialen Bewegungen der 1970er Jahre sichtbarer werden. Obwohl bereits 1971 das Totalverbot[189] von Homosexualität gänzlich aufgehoben wird, werden „über die Hintertür" neue diskriminierende Paragraphen eingeführt. Vor allem im Bereich Familiengründung und Eherecht[190] werden lesbische und schwule Lebensgemeinschaften nicht als gleichwertige Partnerschaften und Familien anerkannt. Sie erleben zahlreiche Diskriminierungen, wie fehlende Rechtssicherheit in Fragen gegenseitiger ökonomischer Absicherung, mangelndes Mitspracherecht für Kinder, die

188 Die Kosten variieren zwischen Euro 285,– und 1000,–

189 Unzucht wider die Natur mit Personen desselben Geschlechts ist mit Strafen von bis zu fünf Jahren schwerem Kerker belegt. § 129Ib Strafgesetzbuch StGB

190 Bei gleichzeitiger Einführung von vier Ersatzparagraphen. Mehr siehe: Schwarz, Angela: Übersicht Homosexualität im Österreichischen Strafrecht ab 1852, in: Frauenabteilung der Stadt Wien, MA 57, Mein lesbisches Wien, Wien, 2015: 30

gemeinsam betreut werden, oder die Verweigerung des Wohnrechts nach dem Tod einer lesbischen Partnerin oder eines schwulen Partners. Offene Homophobie[191], Ausgrenzung und gewalttätige Übergriffe im Alltag sind nach wie vor gesellschaftliche Realität. Den vielfältigen Diskriminierungen begegnen homosexuelle Frauen und Männer mit unterschiedlichen Strategien: Sie gründen selbstorganisierte Beratungseinrichtungen, politische Vereine und schaffen Wohnmöglichkeiten für Frauen und Männer, die nach ihrem Outing von ihren Familien verstoßen werden. Nach und nach erweitert sich die Wahrnehmung in der Öffentlichkeit von Lebensformen außerhalb der heterosexuellen Norm auch um Menschen, die ihr Geschlecht wechseln (wollen) und um die Lebensrealitäten von intergeschlechtlichen Personen.[192] Auch sie fordern das Recht auf körperliche Selbstbestimmung und rechtlichen Schutz vor Übergriffen und Diskriminierungen.

Mit öffentlichen Aktionen, wie der alljährlichen Regenbogenparade und Demonstrationen um gleiche Rechte, wird mehr Sichtbarkeit hergestellt.

Mit rechtlichen Mitteln wird für Antidiskriminierung und Gleichstellung im Ehegesetz gekämpft. Erst 2004 gelingt die

191 Homophobie beschreibt die Angst und Ablehnung von gleichgeschlechtlich lebenden und liebenden Männern und Frauen, die zu Diskriminierung, Ausgrenzung und Gewalt führen kann. Definition: TransInterQueer e.V., Netzwerk Trans*Inter*Sektionalität – que(e)r stellen gegen Rassismus, Berlin, https://transintersektionalitaet.org/?page_id=12

192 Intergeschlechtliche Menschen (auch: Intersexuelle, Inter*Personen, Zwitter, Hermaphroditen) werden mit körperlichen Merkmalen geboren, die medizinisch als „geschlechtlich uneindeutig“ gelten. Intergeschlechtliche Kinder sind immer noch sehr oft normierenden medizinischen (operativen und anderen) Eingriffen mit dem Ziel der Herstellung geschlechtlicher Eindeutigkeit ausgesetzt. Diese Praktiken werden von Intersex-Organisationen als Menschenrechtsverletzungen kritisiert. ebd.

Durchsetzung der EU-Richtlinie im Gleichbehandlungsgesetz und damit der Schutz vor Diskriminierung im Arbeitsleben. 2010 tritt das Eingetragene Partnerschaft-Gesetz (EPG) in Kraft, ein erster Schritt in Richtung rechtlicher Absicherung homosexueller Lebensgemeinschaften. Das Gesetz beinhaltet jedoch erneut zahlreiche Benachteiligungen. 2017 hebt der Verfassungsgerichtshof unterschiedliche Regelungen für verschieden- und gleichgeschlechtliche Paare auf. Ab 2019 sind Eheschließungen homosexueller Paare vollständig gleichgestellt.[193]

Frauenbewegung international

Die Vielfalt weiblicher Lebensentwürfe wird auch auf internationaler Ebene verhandelt. 1995 findet die vierte und bisher letzte Weltfrauenkonferenz in Peking statt. Durch internationale Verträge sollen die Ungleichheiten zwischen Männern und Frauen in allen Ländern beseitigt werden. Verweigerung von Bildung, häusliche Gewalt, aber auch das Recht auf selbstbestimmte Mutterschaft oder die Ächtung von Genitalverstümmelung an Mädchen und Zwangsheirat werden hier verhandelt. Nach harten Auseinandersetzungen und gegen heftigen Widerstand der Vertreter der monotheistischen Religionen wird schließlich unter engagierter Beteiligung österreichischer Feministinnen die bedeutende Übereinkunft „Platform for Action"[194] verabschiedet. Im Abschlussdokument der Konferenz verpflichten sich 187 Länder zu weitgehenden Maßnahmen zur Verbesserung der Situation von Frauen und Mädchen auf internationaler Ebene. Als anerkannte Strategie zur Umsetzung von Geschlechtergerechtigkeit wird Gen-

193 Siehe: Webseite Verfassungsgerichtshof: https://www.vfgh.gv.at/medien/Ehe_fuer_gleichgeschlechtliche_Paare.de.php

194 Siehe UN Women: http://www.un.org/womenwatch/daw/beijing/platform/index.html

der Mainstreaming[195] festgeschrieben. 1999 schlagen auch die Länder der Europäischen Union (EU) diesen Weg zur Umsetzung von Geschlechtergerechtigkeit ein. Mit Artikel 2 und Artikel 3 Absatz 2 des EU-Vertrages sind alle Mitgliedsstaaten zur aktiven Gleichstellungspolitik im Sinne des Gender Mainstreamings verpflichtet[196] – ein weiterer großer Erfolg der österreichischen und internationalen Frauenbewegung. Feministische Forderungen können nun nicht mehr als übertriebene Utopien einzelner Frauen abgetan werden, sondern sind als verpflichtendes Vertragswerk auf die Ebene internationaler Rechtsstandards gehoben.

195 Webseite Interministerielle Arbeitsgruppe Gender Mainstreaming und Gender Budgeting: http://www.imag-gmb.at/cms/imag/subcoverpage.htm?channel=CH0594
Gender Mainstreaming ist eine international anerkannte Vorgangsweise und Strategie der Gleichstellungspolitik. Soziale Unterschiede und strukturelle Ungleichheiten für Frauen und Männer sollen hinterfragt, sichtbar gemacht sowie die Ursachen beseitigt werden. Das bedeutet, dass bei allen Entscheidungen, Projekten und Vorhaben der Politik und Verwaltung die unterschiedliche Lebensrealität von Frauen und Männern im Vorhinein zu berücksichtigen ist. Definition der Stadt Wien: https://www.wien.gv.at/menschen/gendermainstreaming/grundlagen/gender-abc.html#mainstreaming

196 Mehr siehe: Webseite Bundeskanzleramt, Bundesministerium für Frauen, Familie und Jugend: http://www.imag-gmb.at/cms/imag/subcoverpage.htm?channel=CH0592

Alles schon erreicht?

Frauen haben das Wahlrecht erkämpft und Grundrechte durchgesetzt. Sie haben sich, um nochmals mit Immanuel Kant zu sprechen, aus der „selbstverschuldeten Unmündigkeit“ befreit, den Mut gefunden, „sich ihres Verstandes zu bedienen“ und individuelle wie gesellschaftliche Freiheit gewagt – entgegen aller Widerstände. Die Frauenbewegung, national und international, muss in diesem Zusammenhang als eine der erfolgreichsten sozialen Bewegungen und als Motor der Entwicklung der Demokratie angesehen werden.

Frauen haben, ganz im Sinne von Charles Fourier (1772–1837), dem „Erfinder“ des Wortes „Feminismus“, den Grad ihrer Emanzipation zum Maßstab für die Zivilisiertheit der Gesellschaft und der Demokratien gemacht:

> Feminismus ist die Anstrengung zur Gleichberechtigung und Emanzipation der Frauen. Die Veränderung einer Epoche lässt sich immer aus dem Verhältnis des Fortschritts der Frauen zur Freiheit bestimmen. Der Grad der weiblichen Emanzipation ist das natürliche Maß der allgemeinen Emanzipation.[197]

Je emanzipierter und freier also Frauen sind, umso emanzipierter ist die gesamte Gesellschaft. Emanzipation[198] im Sinne einer Befreiung

197 Fourier, Charles: Aus der neuen Liebeswelt, Verlag Wagenbach, Berlin, 1978: 90, in: Claudia Andel, „Das Menschen- und Gesellschaftsbild in der feministischen Utopiediskussion“

198 Sinngemäß übersetzt aus dem Lateinischen lässt sich „Ex manu capere“ mit „Befreien aus Abhängigkeit“ übersetzen. Siehe auch: Berliner Institut für kritische Theorie: http://www.inkrit.de/e_inkritpedia/e_maincode/doku.php?id=e:emanzipation, Letzter Zugriff: 09.01.2019

aus Abhängigkeiten muss als wesentliche Grundvoraussetzung demokratischer Gesellschaften ebenso immer wieder verteidigt und neu errungen werden wie Demokratie an sich. Emanzipation, Freiheit und verbriefte Rechte müssen universell gedacht werden und können nicht nur für einige Wenige gelten. Die zahlreichen unerfüllten Forderungen der Frauenbewegung und die ebenso zahlreichen gesellschaftlichen Ausschlüsse, die heute verschiedene Gruppen von Frauen betreffen, müssen sichtbar gemacht und offen diskutiert werden. Regelmäßig ist zu überprüfen, ob wirklich alle Frauen unabhängig von Herkunft, Hautfarbe, Alter, Behinderung und sexueller Orientierung die gleichen Rechte in Anspruch nehmen können. „Ich bin nicht frei, solange eine einzige Frau unfrei ist, auch wenn sie ganz andere Fesseln trägt als ich“[199], schreibt die afro-amerikanische Aktivistin und Schriftstellerin Audre Lorde (1934–1992) und erweitert den Freiheitsbegriff um die Dimension der Solidarität mit anderen Frauen. Unter diesem Aspekt betrachtet bleibt die Entwicklung des Frauenwahlrechts in Österreich unvollendet.

Frauen mit nicht-österreichischen Wurzeln wird heute das Wahlrecht durch die außerordentlich hohen Hürden zur Erlangung der Staatsbürgerschaft vorenthalten. Junge, migrantische Frauen[200] die in Österreich geboren sind, stehen vor derselben Unmöglichkeit, wie österreichische Frauen vor hundert Jahren: Sie arbeiten, zahlen Steuern, gestalten Gesellschaft und sind dennoch von politischer Mitsprache weitgehend ausgeschlossen.[201] Sie hal-

199 Im OriginaL: „I am not free while any woman is unfree, even when her shackles are very different from my own.“, Audre Lorde, "The Uses of Anger: Women Responding to Racism", 1981 In: Audre, Lorde, Sister Outsider: Essays & Speeches by Audre Lorde, Crossing Press, Berkeley, 2007: 124-133

200 Und migrantische Männer

201 Vgl. Statistik Austria

ten die Gesetze ein und werden gegebenenfalls danach verurteilt, ohne diese Gesetze jedoch mitgestalten zu können. Diese Gruppe der Nicht-Wahlberechtigten in Österreich wächst ebenso wie die Gruppe jener, die ihr Wahlrecht nicht (mehr) nützen.

Bei den Wien-Wahlen 2015 beträgt der Anteil der Nicht-Wahlberechtigten bereits ein Viertel der Wohnbevölkerung.[202] Der 4. Wiener Integrations- und Diversitätsmonitor hält hierzu fest: „Im Durchschnitt sind 27 % aller Wienerinnen und Wiener im wahlfähigen Alter (ab 16 Jahren) aufgrund einer fremden Staatsangehörigkeit von Gemeinde-, Landtags- und Nationalratswahlen sowie anderen demokratischen Entscheidungsprozessen (z. B. Volksbefragungen, Volksabstimmungen) ausgeschlossen."[203] Für Gesamt-Österreich hält die Politikwissenschafterin Tamara Ehs fest: „Es gibt in Österreich 2017 über eine Million Nicht-Wahlberechtigte, die dauerhaft in Österreich leben. Durch den Ausschluss aus dem Wahlrecht und der sinkenden Wahlbeteiligung vor allem in ärmeren, ungebildeteren Schichten entsteht ein Problem der sozialen Verzerrung. Die Bevölkerung bildet sich in den politischen Eliten immer weniger ab."[204]

Auch wenn Partizipation nicht das einzige Kriterium für die Qualität einer Demokratie ist, entsteht hier ein immer größeres Defizit. Wenn Demokratie im Sinne einer „möglichst umfassenden Teilhabe des gesamten Volkes am politischen Entscheidungs-

202 Vgl. Statistik Austria

203 (Davon sind) rund 12 % EU-BürgerInnen und rund 15 % Drittstaatsangehörige (...) Damit hat sich das Demokratiedefizit seit Beginn der Beobachtungsphase um sieben Prozentpunkte weiter verschärft (1. Monitor 2007 – 2009 20 % nicht-wahlberechtigt; 2. Monitor 2009 – 2011 21 %; 3. Monitor 2011 – 2013 24 %. In: 4. Integrations- und Diversitätsmonitor 2013-2016, Hg.in Stadt Wien, MA 17, Integration und Diversität, 2017: 54

204 Tamara Ehs: 4. Barbara Prammer Symposium, Vortrag „Wie (k)ein Staat zu machen ist – Über Partizipation und Repräsentation", Wien, 2018

prozess und der Legitimation politischer Herrschaft durch die Gesamtheit der Bürger"[205] gedacht wird, braucht es dringend Veränderung. Einer der Grundgedanken der Demokratie-Entwicklung ist es, dass „keine Gruppe der Gesellschaft so mächtig werden soll, dass sie andere Gruppen und Minderheiten tyrannisch beherrschen (kann)"[206]. Damit eine fortschrittliche Gesellschaft als Demokratie existieren und sich weiter entwickeln kann, braucht es alle im Land lebenden Menschen und eine möglichst große Vielfalt an Sichtweisen und Positionen.

Altes Verteidigen und Neues erringen

Wann immer der Zusammenhalt demokratischer Gesellschaften riskiert wird, indem bestimmten Menschen die Fähigkeit zur gleichwertigen Bürgerin und zum gleichwertigen Bürger abgesprochen wird, müssen alle zur Verteidigung der Menschenrechte und Demokratie aufstehen. Wenn kulturelle, moralische oder religiöse Überlegenheiten behauptet werden, ist Gefahr in Verzug – nicht nur für die betroffenen, diskriminierten Menschen, sondern für das gesamte demokratische System. Die Einschränkung von Rechten und Freiheiten bestimmter Gruppen betrifft immer auch die Gesamtgesellschaft:

> Wer sich mit materiellem Wohlstand zufrieden gibt, aber politische Unfreiheit akzeptiert, muss morgen damit rechnen, dass die Gewalt des Anderen (...) (oder) der Regierung sich gegen einen (selbst) wendet[207].

205 Vorländer, Hans: Demokratie – Geschichte. Formen. Theorien, C.H. Beck Verlag, München, 2003: 10

206 ebd. 100

207 Heiner Friedrich Klemme, Institut für Ethnologie und Philosophie, Geschichte der Philosophie Universität Halle-Wittenberg, In: „Jeder darf seine Glückseligkeit suchen". Von der Freiheit und ihren Grenzen (3). Radiokolleg Ö1, ORF,Gestaltung: Brigitte Voykowitsch, 09.01.19

Hier darauf zu hoffen, es würde nicht so schlimm werden, hat sich in der Geschichte bereits mehrmals als Fehler erweisen. Ebenso wie Bequemlichkeit und „…die Vorstellung, dass man ein gewisses Stadium erreichen und dann quasi automatisch in diesem (…) verharren könnte, jeder historischen und politischen Erfahrung (widerspricht)“[208], so Wojciech Przybylski, polnischer Publizist und Vorsitzender des Think Tanks „Res Publica“ in Warschau. Er meint weiter:

> Man muss sich ständig darum bemühen, das Erreichte zu festigen und auszubauen, um die Demokratien gegen autoritäre Kräfte zu schützen. Denn die gibt es immer und überall. Demokratie ist keine Selbstverständlichkeit. Sie ist ein lebender Organismus, den man gesund erhalten muss, eine Schöpfung, eine performative Kunst.[209]

In dieser Kunst der Demokratie, mit dem Ziel der größtmöglichen Freiheit und Selbstbestimmung für alle Menschen und der Kunst eines konstruktiven Zusammenlebens in Frieden gilt es sich zu üben. An der Fähigkeit, wertschätzend mit der Vielfalt der Menschen umzugehen, bei gleichzeitiger Anerkennung der grundsätzlichen Gleichartigkeit des Menschlichen an sich und im Ausgleich der verschiedenen Interessen wird die Qualität der österreichischen Demokratie in Zukunft zu messen sein. Nicht zuletzt misst sich die Qualität einer demokratischen Gesellschaft aber auch daran, ob alle im Land lebenden Frauen über das freie, gleiche, geheime und persönliche Wahlrecht verfügen und wie es um die Umsetzung von Frauenrechten und Gleichstellungspolitik für alle Geschlechter tatsächlich bestellt ist.

208 Wojciech Przybylski, Herausgeber von Višegrad Inside, Vorsitzender des Think Tanks „Res Publica“ in Warschau im Interview mit Brigitte Voykowitsch, ebd

209 ebd.

Die österreichischen Frauen von heute haben Dank der Vorkämpferinnen die Wahl, darüber zu entscheiden, in welcher Gesellschaft sie leben wollen. Damit es eine bessere Gesellschaft wird, braucht es zivilgesellschaftliches Engagement und aktive Beteiligung an demokratischen Prozessen. Auch das lässt sich aus der Geschichte der Frauen lernen: Als vernunft- und freiheitsbegabte, politische Wesen handelnd eingreifen, immer wieder Neues beginnen, gewonnene Rechte verteidigen und neue Rechte erobern, für sich und für andere, mit vielfältigsten Mitteln und Strategien, ist erforderlich, damit eine bessere Welt für die nächsten Generationen möglich wird.

Daten und Fakten

Einführung Frauenwahlrecht Europa[210]

1906 Finnland
1913 Norwegen
1915 Dänemark, Island
1917 Estland
1918 Deutschland, Lettland, Litauen, Luxemburg, Österreich, Polen, Russland
1919 Niederlande
1920 Tschechoslowakei
1921 Schweden
1922 Irland
1928 Großbritannien
1931 Spanien
1944 Frankreich
1945 Bulgarien, Jugoslawien, Ungarn
1946 Italien, Rumänien
1947 Malta
1948 Belgien
1952 Griechenland
1971 Schweiz
1974 Portugal
1984 Liechtenstein

210 Quelle: Österreichische Nationalbibliothek, Deutscher Bundestag

Frauenanteil in den Parlamenten weltweit (Auszug)[211]

Rang	Land	Sitze	Frauen	Frauen in Prozent
1	Ruanda	80	49	61,3
2	Bolivien	130	69	53,1
3	Kuba	612	299	48,9
4	Nicaragua	92	42	45,7
5	Schweden	349	152	43,6
6	Mexico	500	213	42,6
7	Finnland	200	84	42,0
8	Senegal	165	69	41,8
8	Südafrika	392	164	41,8
10	Norwegen	169	70	41,4
11	Namibia	104	43	41,3
12	Mozambique	250	99	39,6
13	Spanien	350	137	39,1
14	Frankreich	577	225	39,0
17	Island	63	24	38,1
19	Belgien	150	57	38,0
26	Niederlande	150	54	36,0
28	Portugal	230	80	34,8
30	Österreich	183	63	34,4
35	Schweiz	200	65	32,5
39	UK	650	208	32,0
43	Italien	630	195	31,0
45	Deutschland	709	218	30,7
53	Polen	460	129	28,0
99	USA	434	84	19,4
127	Russland	450	71	15,8
177	Iran	289	17	5,9
181	Thailand	250	12	4,8
187	Yemen	275	0	0,0

211 Quelle: Quelle: Inter-Parliamentary Union, Stand Dezember 2017, http://archive.ipu.org/wmn-e/classif.htm

Gesetzliche Erfolge der Frauenbewegung (Auswahl)[212]

Zulassung von Frauen an den Universitäten

1897 philosophische Fakultät
1900 medizinische Fakultät
1919 juridische Fakultät
1945 katholisch-theologische Fakultät

1911 Erster Internationaler Frauentag

1918 Frauenwahlrecht

1919 Einzug der ersten Frauen in Nationalrat (sieben Sozialdemokratinnen mit Anna Boschek, Emmy Freundlich, Adelheid Popp, Gabriele Proft, Therese Schlesinger, Amalie Seidel, Maria Tusch) und eine Christlichsoziale mit Hildegard Burjan

1927 Erste Präsidentin eines Bundesrates weltweit in Österreich mit Olga Rudel-Zeynek

1938 Einführung der Zivilehe

1957 Mutterschutzgesetz mit Beschäftigungsverbot sechs Wochen vor und nach der Geburt mit Auszahlung von Wochengeld, erstmals sechs Monate nach der Geburt (unbezahlte) Karenz

1966 Grete Rehor wird als erste Frau wird Ministerin. Sie übernimmt das Bundesministerium für Soziale Verwaltung

1971 Aufhebung Verbot Homosexualität

1974 Einführung des Mutter-Kind-Passes
Erhöhtes Karenzgeld für Alleinerzieherinnen

1975 Fristenregelung
Einführung der Koedukation an öffentlichen Schulen
1.Weltfrauenkonferenz in Mexiko Stadt

1976 Familienrechtsreform
Unterhaltsvorschussgesetz

1978 Erstes Frauenhaus in Wien

1979 Gleichbehandlungsgesetz für die Privatwirtschaft

212 Quelle: Susanne Feigl: Factsheet, 150 Jahre Frauenrechte in Österreich, Sozialministerium, Zum Download unter: https://www.sozialministerium.at/cms/site/attachments/0/2/0/CH3434/CMS1466406589664/factsheet_150_jahre_frauenrechte.pdf, Ergänzungen Petra Unger

Einführung des gemeinsamen Werkunterrichts für Mädchen und Buben an den Volksschulen
Erste Frauenstaatssekretärin mit Johanna Dohnal

1982 Ratifizierung der UN-Konvention zur Beseitigung jeder Form der Diskriminierung von Frauen (CEDAW)

1985 2. Weltfrauenkonferenz in Kopenhagen

1989 Sexualstrafrechtsreform (Vergewaltigung in der Ehe wird Strafbestand), Gleichstellung unverheirateter Mütter mit ihren Kindern mit verheiratetetn Müttern und Kindern
Elternkarenz für Väter
Verankerung des absoluten Gewaltverbots in der Erziehung von Kindern

1990 Einsetzung einer Anwältin für Gleichbehandlungsfragen (Dr.[a] Ingrid Nikolay-Leitner)

1991 Johanna Dohnal wird erste Frauenministerin

1995 3. Weltfrauenkonferenz in Bejing

1997 Gewaltschutzgesetz
Erstes Frauenvolksbegehren mit 644.665 Unterschriften

1998 Ratifizierung des Amsterdamer Vertrags mit der Verpflichtung, Gender Mainstreaming als EU-weit verbindliche Strategie für die Gleichstellung von Frauen und Männern auch in Österreich umzusetzen

2006 Anti-Stalking-Gesetz

2009 Erweiterung des Gewaltschutzgesetzes
Gender Budgeting wird verpflichtend für Bund, Länder und Gemeinden in der österreichischen Bundesverfassung verankert

2010 Eingetragenen Partnerschaft für gleichgeschlechtliche Paare

2011 Einrichtung des Antisexismus-Beirats

2013 Ratifizierung der Instanbul-Konvention, ein Übereinkommen des Europarats zur Verhütung und Bekämpfung von Gewalt gegen Frauen und häuslicher Gewalt

2015 Anspruch auf Elternkarenz für Frauen, deren eingetragene Partnerin oder Lebensgefährtin durch medizinisch unterstützte Fortpflanzung ein Kind bekommt

2016 Aufhebung des Adoptionsverbots für homosexuelle Paare

2018 Zweites Frauenvolksbegehren mit 481.959 Unterschriften

2019 Rechtliche Gleichstellung von Ehe und eingetragener Partnerschaft

Die ersten Frauen in der österreichischen Politik

1919 Erste Frauen in Nationalrat: Anna Boschek, Emmy Freundlich, Adelheid Popp, Gabriele Proft, Therese Schlesinger, Amalie Seidel, Maria Tusch (Sozialdemokratische Arbeiterpartei SDAP) und Hildegard Burjan (Christlichsoziale Partei CSP)

1927 Olga Rudel-Zeynek (Christlischsoziale Partei) erste Präsidentin eines Bundesrates

1945 Helene Postranecky, KPÖ, Unterstaatssekretärin für Volksernährung

1949 Fernanda Flossmann, SPÖ, Erste Frau im Vorsitz des Nationalrates

1966 Grete Rehor (ÖVP) wird als erste Frau Ministerin. Sie übernimmt das Bundesministerium für Soziale Verwaltung

1970 Hertha Firnberg (SPÖ), erste Wissenschaftsministerin

1986 Marga Hubinek (ÖVP) ist die erste Frau, die (Zweite) Präsidentin des Nationalrates

1990 Johanna Dohnal, SPÖ, erste Frauenministerin

1996 Waltraud Klasnic, erste „Frau Landeshauptmann"[213]

2000 Susanne Riess-Passer, FPÖ, erste Vizekanzlerin

2006 Barbara Prammer, SPÖ, Erste Nationalratspräsidentin

Frauenanteil der Parteien im österreichischen Parlament

Stand 2018

ÖVP	61	22	36,07
SPÖ	52	25	48,08
FPÖ	51	12	23,53
NEOS	10	5	50,00
JETZT	7	3	42,86
OK	2	1	50,00

213 Selbstbezeichnung ihrer Position als Landeshauptfrau.

Entwicklung des Frauenanteils im österreichischen Parlament[214]

Zeitraum			Sitze	Frauen	%
Provisorische Nationalversammlung		21.10.1918	208	0	0,00
Konstituierende Nationalversammlung		04.03.1919	159	8	5,03
I.	Gesetzgebungsperiode	10.11.1920	175	9	5,14
II.	Gesetzgebungsperiode	20.11.1923	165	8	4,85
III.	Gesetzgebungsperiode	18.05.1927	165	6	3,64
IV.	Gesetzgebungsperiode	02.12.1930	165	11	6,67
V.	Gesetzgebungsperiode	19.12.1945	165	9	5,45
VI.	Gesetzgebungsperiode	08.11.1949	165	9	5,45
VII.	Gesetzgebungsperiode	18.03.1953	165	10	6,06
VIII.	Gesetzgebungsperiode	08.06.1956	165	9	5,45
IX.	Gesetzgebungsperiode	09.06.1959	165	10	6,06
X.	Gesetzgebungsperiode	14.12.1962	165	10	6,06
XI.	Gesetzgebungsperiode	30.03.1966	165	10	6,06
XII.	Gesetzgebungsperiode	31.03.1970	165	8	4,85
XIII.	Gesetzgebungsperiode	04.11.1971	183	11	6,01
XIV.	Gesetzgebungsperiode	04.11.1975	183	14	7,65
XV.	Gesetzgebungsperiode	05.06.1979	183	18	9,84
XVI.	Gesetzgebungsperiode	19.05.1983	183	17	9,29
XVII.	Gesetzgebungsperiode	17.12.1986	183	21	11,48
XVIII.	Gesetzgebungsperiode	05.11.1990	183	36	19,67
XIX.	Gesetzgebungsperiode	07.11.1994	183	40	21,86
XX.	Gesetzgebungsperiode	15.01.1996	183	47	25,68
XXI.	Gesetzgebungsperiode	29.10.1999	183	49	26,78
XXII.	Gesetzgebungsperiode	20.12.2002	183	62	33,88
XXIII.	Gesetzgebungsperiode	30.10.2006	183	57	31,15
XXIV.	Gesetzgebungsperiode	28.10.2008	183	50	27,32
XXV.	Gesetzgebungsperiode	29.10.2013	183	61	33,33
XXVI.	Gesetzgebungsperiode	09.11.2017	183	63	34,43

214 Quelle: Österreichisches Parlament, https://www.parlament.gv.at/SERV/STAT/PERSSTAT/FRAUENANTEIL/entwicklung_frauenanteil_NR.shtml

Wahlbeteiligung 2017[215]

80%	Allgemeine Wahlbeteiligung
51%	der Bevölkerung sind Frauen
34,4%	Frauenanteil im Parlament
17,7%	Nicht-Wählerinnen und Nicht-Wähler
13,9%	Nicht-Wahlberechtigte
0,7%	Ungültig abgegebene Stimmen
32,2%	der in Österreich lebenden Bevölkerung wählt nicht bzw. kann nicht wählen
3,3%	der Abgeordneten im Nationalrat haben Migrationshintergrund
22%	der in Österreich lebenden Bevölkerung hat Migrationshintergrund
0,04%	gehören einer Burschenschaft an
11%	der türkis-blauen Regierung nach der Wahl 2017 sind Burschenschafter

215 Quellen: Statistik Austria, Tamara Ehs: 4. Barbara Prammer Symposium 2018, Vortrag „Wie (k)ein Staat zu machen ist – Über Partizipation und Repräsentation“

Literatur

Arendt, Hannah: Vita activa oder Vom tätigen Leben, Piper Verlag, München 1960/ 2007

Bailer-Galanda, Brigitte; Neugebauer, Wolfgang: Haider und die Freiheitlichen in Österreich, Elefanten Press, Berlin, 1997

Becker, Ruth; Kortendiek, Beate (Hg.innen): Handbuch der Frauen- und Geschlechterforschung. Theorie, Methoden, Empirie, Verlag für Sozialwissenschaften, Wiesbaden, 2004

Berger, Franz Severin; Holler, Christiane: Von der Waschfrau zum Fräulein vom Amt. Frauenarbeit durch drei Jahrhunderte, Ueberreuter Verlag, Wien, 1997

Bodin, Jean: Über den Staat, Reclam Verlag, Stuttgart, 1976

Brecht, Christoph; Loacker, Armin; Steiner, Ines: Professionalist und Propagandist. Der Kameramann und Regisseur Gustav Ucicky, Verlag Filmarchiv Austria, Wien, 2014

Breier, Karl Heinz: Hannah Arendt. Zur Einführung, Junius Verlag, Hamburg, 2001

Butler, Judith: Das Unbehagen der Geschlechter (Gender Trouble. Feminism and the Subversion of Identity, Originaltitel), Suhrkamp Verlag, Frankfurt/Main, 1991

Butler, Judith: Körper von Gewicht. Die diskursiven Grenzen des Geschlechts (Body that matters, Originaltitel), Suhrkamp Verlag, Berlin, 1995

De Beauvoir, Simone: Das andere Geschlecht, Rowohlt Verlag, 1951, Neuauflage Reinbek bei Hamburg, 2008

De Pizan, Christine: Das Buch von der Stadt der Frauen, Dt. Taschenbuchverlag, München, 1996

Ebner-Eschenbach, Marie: Ein ganzes Buch-ein ganzes Leben. Aphorismen, Insel Verlag, Berlin 2016

European Union Agency for Fundamental Rights (FRA): Violence against women: an EU-wide survey, Luxemburg, 2014

Feigl, Susanne: Politikerinnen in Wien. Biographien. Publikation der Stadt Wien MA 57, Wien, 2000

Feigl, Susanne: Was gehen mich seine Knöpfe an? Johanna Dohnal. Eine Biographie, Ueberreuter Verlag, Wien, 2002

Filla, Wilhelm: Wissenschaft für alle – ein Widerspruch?, Studienverlag, Innsbruck, 2001

Flossmann, Ursula: Recht, Geschlecht und Gerechtigkeit. Frauenforschung in der Rechtswissenschaft, Universitätsverlag Rudolf Trauner, Linz, 1997

Flossmann, Ursula: Frauenrechtsgeschichte, Universitätsverlag Rudolf Trauner, Linz, 2006

Fourier, Charles: Aus der neuen Liebeswelt, Ausgewählt und eingeleitet von Daniel Guérin, Verlag Wagenbach, Berlin, 1978

Gehmacher, Johanna: Völkische Frauenbewegung: deutschnationale und nationalsozialistische Geschlechterpolitik in Österreich, Döcker Verlag, Wien, 1998

Gehmacher, Johanna: Selbst/Darstellungen und Allianzen: „völkische" Frauen in Österreich, In: Korotin, Ilse (Hg.in): Gebrochene Kontinuitäten? Zur Rolle und Bedeutung des Geschlechterverhältnisses in der Entwicklung des Nationalsozialismus, Studien Verlag, Innsbruck, Wien u. a., 2000

Geiss, Immanuel: Geschichte des Rassismus, Suhrkamp Verlag, Berlin, 1988

Gerhard, Ute: Gleichheit ohne Angleichung. Frauen im Recht, Beck Verlag, München, 1990

Gerhard, Ute; Pommerenke, Petra; Wischermann, Ulla (Hg.innen): Klassikerinnen feministischer Theorie. Grundlagentexte, Bd. 1, Ulrike Helmer Verlag, Königstein/ Taunus, 2008

Greif, Elisabeth; Schobesberger, Eva: Einführung in die Feministische Rechtswissenschaft Universitätsverlag Rudolf Trauner, Linz, 2007

Hamann, Brigitte: Bertha von Suttner. Ein Leben für den Frieden, Piper Verlag, München, 1986

Hauch, Gabriella: Frau Biedermeier auf den Barrikaden. Frauenleben in der Wiener Revolution 1848, Verlag für Gesellschaftskritik, Wien, 1990

Hauch, Gabriella: Vom Frauenstandpunkt aus. Frauen im Parlament 1919–1933, Verlag für Gesellschaftskritik, Wien, 1995

Heymann, Gustava; Augspurg, Anita: Erlebtes und Erschautes: deutsche Frauen kämpfen für Freiheit, Recht und Frieden 1840–1940, Neuauflage Twellmann, Margrit (Hg.in): Helmer Verlag, Frankfurt/Main, 1992

Janssen-Jurreit, Marielouise: Frauenprogramm – Gegen Diskriminierung. Gesetzgebung, Aktionspläne, Selbsthilfe. Ein Handbuch, Rowohlt Verlag, Berlin, 1979

Kammer für Arbeiter und Angestellte in Wien (Hg.): Handbuch der Frauenarbeit, Redaktion Dr. Käthe Leichter, Druck Carl Ueberreuter, Wien, 1930
Klucsarits Richard; Kürbisch, Friedrich G. (Hg.): Arbeiterinnen kämpfen um ihr Recht, Peter Hammer Verlag, Wuppertal, 1981
Kompisch, Kathrin: Täterinnen. Frauen im Nationalsozialismus, Böhlau Verlag, Wien, 2008
Kratz, Käthe; Trallori, Lisbeth N.: Liebe, Macht und Abenteuer. Zur Geschichte der Neuen Frauenbewegung in Wien, Promedia Verlag, Wien, 2013
Krause, Ellen: Einführung in die politikwissenschaftliche Geschlechterforschung, Verlag Leske + Budrich, Opladen 2003
Kuhn, Annette: Die Chronik der Frauen, Verlag Harenberg, Dortmund, 1992
Lackner, Daniela: Die Frauenfriedensbewegung in Österreich zwischen 1899 und 1915, Diplomarbeit, Universität Wien, Wien, 2008
Laessig, Hildegard: Marianne Hainisch und die österreichische Frauenbewegung, Dissertation Universität Wien, Wien, 1949

Lembke, Ulrike: Regulierungen des Intimen. Sexualität und Recht im modernen Staat, Springer Verlag, Wiesbaden, 2017
Leser, Norbert: Das geistige Leben Wiens in der Zwischenkriegszeit, Österreichischer Bundesverlag, Wien, 1981
Lorde, Audre: Sister Outsider: Essays & Speeches by Audre Lorde, Crossing Press, Berkeley, 2007
Martinek, Jutta: Materialien zur Wahlrechtsgeschichte der Großgrundbesitzerkurie in den österreichischen Landtagen seit 1861, Dissertation Universität Wien, Wien, 1977
Martini, Carl Anton von: Lehrbegriff des Naturrechts, Neudruck, Aalen, 1970
Mayreder, Rosa: Zur Kritik der Weiblichkeit, Diederichs Verlag, Jena, 1905, Neuauflage Mandelbaum Verlag, Wien, 1998
Mayreder, Rosa: Geschlecht und Kultur, Diederichs Verlag, Jena, 1923, Neuauflage Mandelbaum Verlag, Wien, 1998
Mayreder, Rosa (Zusammenfassende Neuauflage): Zur Kritik der Weiblichkeit, Essays herausgegeben von Eva Geber, Mandelbaum Verlag, Wien, 2018
Neugebauer, Wolfgang: Der österreiche Widerstand 1938-1945. Überarbeitete und erweiterte Fassung, Edition Steinbauer, Wien, 2015
Niederkofler, Heidi; Mesner, Maria; Zechner, Johanna (Hg.innen): Frauentag! Erfindung und Karriere einer Tradition, Löcker Verlag, Wien, 2011

Österreichisches Institut für Familienforschung an der Universität Wien: Gewalt in der Familie und im nahen sozialen Umfeld. Österreichische Prävalenzstudie zur Gewalt an Frauen und Männern, Wien, 2011

Popp, Adelheid: Der Weg zur Höhe. Die sozialdemokratische Frauenbewegung Österreichs, Frauenzentralkomitee der SDAP Deutschösterreichs, Wien, 1929

Prost, Edith: Die Partei hat mich nie enttäuscht, Verlag für Gesellschaftskritik, Wien, 1989

Reschauer, Heinrich; Smetazko, Moritz: Das Jahr 1848: Geschichte der Wiener Revolution: 2, Verlag R. v. Waldheim, Wien, 1872

Rösslhumer, Maria; Appelt, Birgit: Hauptsache Frauen. Politikerinnen der Zweiten Republik, Styria Verlag, Graz u.a., 2001

Schödl, Ingeborg: Frau zwischen Kirche und Politik, Wiener Domverlag, Wien, 2008

Schwarz, Angela (Hg.in): Mein lesbisches Wien, Publikation der Stadt Wien MA 57, Wien, 2015

Sporrer, Maria; Steiner Herbert (Hg.innen): Rosa Jochmann. Zeitzeugin, Europaverlag, Wien, 1983

Steiner, Herbert: Käthe Leichter. Leben, Werk und Sterben einer österreichischen Sozialdemokratin, Ibera & Molden Verlag, Wien, 1997

Talos, Emmerich: Das Austrofaschistische Herrschaftssystem. Österreich 1933–1938, Lit Verlag, Wien, 2013

Vorländer, Hans: Demokratie – Geschichte. Formen. Theorien, C.H. Beck Verlag, München, 2003

Wenniger, Florian: Frauen in den Februarkämpfen 1934. Das Ende einer Männerlegende, Reihe Frauen machen Geschichte, Renner Institut, Wien, 2017

Zuckmayer, Carl: Als wär's ein Stück von mir. Horen der Freundschaft, Fischer Verlag, Frankfurt/Main, 1966

Weblinks

Österreichisches Parlament, Frauen im Parlament
https://www.parlament.gv.at/PERK/FRAU/index.shtml
Demokratiezentrum
http://www.demokratiezentrum.org/themen.html
Ariadne, Portal Österreichische Nationalbibliothek, Frauen in Bewegung
https://www.onb.ac.at/forschung/ariadne-frauendokumentation/projekte/
Webseite der Wienbibliothek im Rathaus
http://www.wienbibliothek.at/
Wien Geschichte Wiki, Historische Wissensplattform der Stadt Wien
https://www.geschichtewiki.wien.gv.at/Wien_Geschichte_Wiki
Archiv für Geschichte der Soziologie in Österreich, Biografie Käthe Leichter
http://agso.uni-graz.at/marienthal/biografien/leichter_kaethe.htm
Archiv der Frauen- und Lesbenbewegung, Stichwort
http://www.stichwort.or.at/
Interministerielle Arbeitsgruppe Gender Mainstreaming und Gender Budgeting
http://www.imag-gmb.at/cms/imag/subcoverpage.htm?channel=CH0594
Bundeskanzleramt, Bundesministerium für Frauen, Familie und Jugend
https://www.frauen-familien-jugend.bka.gv.at/service/publikationen.html
Österreichische Mediathek
Letzte Rundfunkansprache als Österreichischer Bundeskanzler von Kurt Schuschnigg am 11. März 1938
https://www.mediathek.at/atom/015C6FC2-2C9-0036F-00000D00-015B7F64
Adelheid Popp: Wahlrede für die Nationalratswahl vom 09.November 1930
https://www.mediathek.at/portaltreffer/atom/139F4290-12D-001A5-00000C74-139E6537/pool/BWEB/
Das rote Wien
http://www.dasrotewien.at/

Österreichischer Verein für Individualpsychologie
https://www.oevip.at/

Abhandlung zu Christine de Pizan. Das Buch von der Stadt der Frauen
https://www.uni-salzburg.at/fileadmin/oracle_file_imports/565431.PDF

Leitfaden für diskriminierungsfreie Sprache, Handlungen und Bilddarstellungen. Zum Download unter:
https://www.schule.at/portale/gender-und-bildung/materialien/gender-sensible-nichtdiskriminierende-sprache/detail/leitfaden-fuer-diskriminierungsfreie-sprache-handlungen-und-bilddarstellungen.html

Museum für Verhütung und Schwangerschaftsabbruch
http://de.muvs.org/

Verein Efeu, Verein zur Erarbeitung feministischer Erziehungs- und Unterrichtsmodelle

http://www.efeu.or.at/

Verein Sprungbrett
http://sprungbrett.or.at/

Candace West, Don H. Zimmerman: Doing Gender. In: Gender and Society. Band 1, Nr. 2, 1987: 125–151
https://www.gla.ac.uk/0t4/crcees/files/summerschool/readings/West-Zimmerman_1987_DoingGender.pdf

European Union Agency for Fundamental Rights (FRA): Violence against women: an EU-wide survey, Luxemburg, 2014. Zum Download in deutscher Sprache unter:
http://fra.europa.eu/de/publication/2014/gewalt-gegen-frauen-eine-eu-weite-erhebung-ergebnisse-auf-einen-blick

Istanbul-Konvention, Übereinkommen des Europarats zur Verhütung und Bekämpfung von Gewalt gegen Frauen und häuslicher Gewalt
http://www.aoef.at/index.php/istanbulkonvention

Autonome Österreichische Frauenhäuser
http://www.aoef.at/

Women against violence Europe (WAVE)
www.wave-network.org

aol – Austrian Literature Online
www.literature.at
Letzer Zugriff: 14.01.2019

Abbildungsverzeichnis

Seite 63	Adelheid Popp ÖNB Bildarchiv Pf 1909:C (3 a)
Seite 64	Olga Rudel-Zeynek ÖNB Bildarchiv 201.331 – D
Seite 66	Hildegard Burjan (1883-1933) Caritas Socialis, Webseite https://www.hildegardburjan.at/files/hburjan002.jpg Letzter Zugriff: 23.12.18
Seite 78	Demonstration Internationaler Frauentag in Floridsdorf, 1930 Kreisky Archiv 1/2153
Seite 92	Rosa Jochmann ÖNB Bildarchiv P8221
Seite 104	Grete Rehor, ÖNB US 13.309/10
Seite 106	Erika Mis-Swoboda ÖNB E10/59
Seite 107	Flugblatt Für das Recht auf Abtreibung Kreisky Archiv 7/217
Seite 111	Frauendemonstration 1.Mai 1980 Privatarchiv Peter Hirsch
Seite 114	Frauendemonstration 1980er Jahre Kreisky Archiv 10/712
Seite 118	Johanna Dohnal Kreisky Archiv
Seite 120	Kampagne Frauenministerium Kreisky Archiv 16/16